インバウンド

Get Found Using
A New Marketing Playbook

マーケティング

著 高広伯彦

SoftBank Creative

本文中に記載されている会社名、商品名、製品名などは一般的に各社の登録商標です。本書では原則として®や™マークは明記していません。
本書で紹介している事例やサービス内容は、予告なく変更される場合があります。
本書の内容は著作権法上の保護を受けています。著作権者・出版権者の文書による許諾を得ずに、本書の一部または全部を無断で複製・転載することは禁じられています。

はじめに

みなさんが本書を手に取られたきっかけは、何でしょうか？

書店やAmazonで偶然見かけたから？

なんとなく話題のキーワードだから？

友人知人にすすめられたから？

いずれにせよ、「インバウンドマーケティング」という言葉に何か興味がわいたからでしょう。

オンラインマーケティングの世界では、数年前に米国ボストンで生まれたこの言葉を、一過性のバズワードのようにとらえてる人も多数いるようです。

しかしながら、「インバウンド」であることというのは、他のマーケティング"手法"と違い、単にマーケティング領域のみならず、事業開発や営業活動などビジネスに関わるさまざまな人の考え方を変える、時代の変化に合わせたキーワードであり、コンセプトなのです。

英語で"information asymmetry"と呼ばれる言葉があります。日本語に訳すと「情報の非対称性」。二者間でどちらか片方だけが情報をたくさん持っていたり、あるいはコントロール可能な状況を指します。

例えば、これまでは企業側だけが商品やそれに関するさまざまな情報を持っていたので、消費者や購買者と呼ばれる人たちはそうした情報にアクセスすることもできず、企業に比べて圧倒的に少ない情報量の中で、何かを買うという行為をしていました。ほんの少し前まで、それは普通のことだったのです。

■■ はじめに

　インバウンドマーケティングのソフトウェア開発会社であるHubSpotの創業者ブライアン・ハリガン（Brian Halligan）があるインタビューで答えた表現を使えば「インターネット以前の時代では、情報イコール権力であった」ということになります。消費者・購買者にしてみれば、情報を調べるツールもないし、そもそもアクセスできる情報もなかったのですから、武器もなく、立ち上がることもできなかったのです。

　ところがインターネットが出現し、たくさんの情報が産み出されました。当初は企業が運営するホームページだけだったのが、すぐに個人向けの無料ホームページサービスが生まれ、無料ブログサービスが生まれ、そして単にそれらにコンテンツを掲載するだけでなく、横のつながりができるソーシャルメディアが次々と出現してきたのです。これによって、情報の非対称性、つまり企業にとって都合のいい情報を流すだけの時代は終わりを告げます。
　一方で人々は情報を大量に生産し、他人の役に立つ情報をたくさんネット上に公開し始めました。そして、それらを探しやすくする検索エンジンの利用も増加しています。
　これは、「人々が（企業不在で）互いに教え合っている」状況ともいえるでしょう。つまり、現在では企業と消費者・購買者の情報コントロール能力は、同等かあるいは消費者・購買者のほうが上になっている場合さえあるのです。

　しかし、企業のマーケティング活動は、こうした自分たちで学習する消費者・購買者（Self-educated buyers）に対応したものになっていません。それどころか相変わらず

自分たちが「教える側」として、大上段に構えたマーケティングになってしまっているような気さえします。

　旧態依然としたマインドは、広告業界人もまた同様です。「広告」というものはこれまででさえ、人々の生活を邪魔するものと考えられてきましたが、学習する消費者・購買者は、ますます広告を信用しなくなっています。

　にもかかわらず、広告業界の中には、いまだに「いや、広告には文化的側面もある」とか、あるいは「広告には人々に新しい情報を伝える機能がある」とか言い続けている人もいます。

　私は、自分が過去にいた業界だからというわけではないですが、「広告」には、確かにそうした側面があることも否定はしません。ただし、そうした"言い訳"をしたところで、実際には、人々が自分に興味のない広告を邪魔ものであると思っていることは間違いないし、加えて、情報過多の時代において、多くの広告は広告枠に掲載されているときだけの命であって、長期的に役に立つ情報たり得ないのです。

　「インバウンドマーケティング」とは、インターネットが普及した時代における消費者・購買者の情報行動を真摯にとらえることによって、広告を中心とした企業マーケティングが長らく持っていた課題を解決しようという試みでもあります。

　SEO情報サイトであるMOZ.comを運営するランド・フィシュキン（Rand Fishkin）は、インバウンドマーケティングに注目する理由を、"timely and relevant"と述べていますが、このtimely（タイミングがいい）とrelevant（関

■■ はじめに

連している）というのは、企業側にとってではなく、あくまでも企業が相手にする未来の顧客にとってです。

お客さんが情報を欲しいタイミングに、それがきちんと準備できている。だから、こちらの話を聞いてもらうために、大声を出したり無理やり相手の耳をひっぱらなくても、話を聞いてもらえる機会を得ることができるわけです。

そうした状況を産み出すために、コンテンツという種をネットにまき、それらが育つのを待つのです。

今までのマーケティングは、人がいるところ（広告媒体やイベントなど）をターゲットにしてリーチするという点で、「Hunter（狩猟民）」型マーケティングだったように思います。

対してインバウンドマーケティングは「Harvester（農耕民）」型のマーケティングであり、自分たちで種をまき、育てるものだと考えています。

本当にそんなことができるのか？

やっぱり企業側の都合に合わせたマーケティングをしないと、ビジネスにならないのではないか？

きっとそう思う方のほうがまだまだ多いと思います。しかし、実際にインバウンドマーケティングを始めている企業が、これまでのマーケティングでは得られなかったような成果を上げていることも事実です。あなたの会社が本書をきっかけに、そうした各社のあとに続くことになれば、著者としてうれしく思います。

では、そんなインバウンドマーケティングとは、一体、

どのようなコンセプトで、どのような手法のことを指すのか、どうやって生まれてきたのか。

　本当のインバウンドマーケティングについて、これからお話していきたいと思います。

    HubSpot Platinum Partner Agency
    HubSpot Agency of the Year (international) 2013
    株式会社マーケティングエンジン
    代表取締役社長兼共同創業者
            高広伯彦

インバウンドマーケティング

003
はじめに

011
Chapter 1
「見つけられる」マーケティング

■インバウンドマーケティングって何? ■インバウンドとアウトバウンド ■インバウンドマーケティングに目を向けるべき理由その1 —— 情報流通量の変化 ■インバウンドマーケティングに目を向けるべき理由その2 —— 見向きもされない情報 ■興味を持ってもらえる情報を興味を持ってもらえるタイミングで ■人々の時間軸に合わせたマーケティング ■マーケティングを好かれるものにしよう

COLUMN 1　HubSpptって何?　「HubSpot,Inc.について」

035
Chapter 2
マーケティングコンセプトの過去・現在・未来

■オンラインマーケティングの集大成 ■インバウンドマーケティング誕生前史 ■検索行動と検索連動型広告 ■ZMOT ■One to Oneマーケティングとリコメンデーション ■それは人々の生活を邪魔してないか? —— パーミッションマーケティング ■人々と直接つながれる時代に、マーケティングとPRは何をすべきか? ■アウトバウンドなマーケティングからの脱却

COLUMN 2
HubSpptって何?　「すべてが1つのプラットフォームに」

063
Chapter 3

インバウンドマーケティングの方法論

■購買に至るステージ　■インバウンドマーケティングのメソドロジー　Attract：来訪者を惹き付ける／Convert：見込み客への転換／Close：見込み客を顧客化する／Delight：顧客をより喜ばせる

COLUMN 3
HubSppt って何？「マーケティングビジネスのエコシステム」

103
Chapter 4

実践・インバウンドマーケティング

■インバウンドマーケターの条件　■ペルソナの設計　■インバウンドマーケティングの実施において理解しておくべき5つのポイント　1）どのようなコンテンツを作るのか　2）ライフサイクルに応じたマーケティング　3）個別に対応したメッセージ　4）マルチチャネル　5）統合化　■実践1.Attract（惹き付ける）　1）キーワード戦略を策定する　2）既存のサイトを見直す　3）ブログを構築する　4）ソーシャルメディアを使う　■実践2.Convert（見込み客化する）　1）オファーの設計　2）Calls-to-Action　3）ランディングページ　■実践3.Close（顧客化する）　1）相手に合ったメッセージをパーソナルに　2）「ホットなタイミング」を見極める　■実践4.Delight（より顧客をより喜ばせる）

180
おわりに

インバウンド
マーケティング
CHAPTER

「見つけられる」マーケティング

情報があふれ返る現在、企業が一方的に発信するメッセージの多くは、ただ素通りされています。一方で、検索行動が普通のものとなり、ソーシャルメディアが普及した今、人々は自分にとって役立つ情報を積極的に探し、友達と共有しています。素通りする人を無理やり振り向かせることでなく、自分たちに興味を持ってくれる人から「見つけられる」こと。それがインバウンドマーケティングの第1ステージです。

■■ Chapter 1 「見つけられる」マーケティング

： インバウンドマーケティングって何?

　マーケティングの世界は、常に新しい言葉が出てきます。一瞬のバズワードとして1年ちょっとで消えていくものもあれば、比較的長く続き、一般用語として定着するような言葉もあったりします。

　また、「〇〇〇〇マーケティング」といった言葉もよく聞きますよね。例えば「ソーシャルメディアマーケティング」や「モバイルマーケティング」「クチコミマーケティング」などなど。これらの「〇〇〇〇マーケティング」というのは、何かツールや手段に「マーケティング」をつけて新しいマーケティングの手法であるかのように見せようとしているのですが、実際には、「マーケティング」にそれらのツールを使いましょうと言っているにすぎないというケースがほとんどのようです。

　しかし、「インバウンドマーケティング」というのは、それらのものとは異なります。そもそも「インバウンド」というメディアやプラットフォームがあるわけではありません。そういった「メディア（プラットフォーム）名＋マーケティング」ではなく「インバウンド」という概念でマーケティングを行うという考え方そのものを指す言葉と理解するべきです。

　逆にいえば、インバウンドマーケティングを実践する際には何かのメディアやプラットフォーム単体に依存することはないということです。このことは、「インバウンドマーケティング」に注目すべき重要な理由の1つではないかと、私は思っています。

インバウンドとアウトバウンド

「インバウンドマーケティング」というのは、言ってみればマーケティングを行うときのマインドセット、即ち「態度・姿勢・考え方」そのものです。

さて、この「インバウンド」という言葉。一般的には聞き慣れない英単語だと思いますので、この言葉のニュアンスをつかんでいただくために、すでに日本国内でも使われている例をいくつか挙げておきたいと思います。

が、まずその前にGoogleやYahoo!で"インバウンド"というキーワードで一度検索をしてみてください。

さて、どんな検索結果が出てきましたか？

おそらく、検索連動型広告の結果がコールセンター関係だったり、あるいは、自然検索結果に旅行関係にまつわるリンク先と、そして少しばかり、通信関係の検索結果が出てくると思います。

コールセンターの世界では、この「インバウンド」という言葉は以前から使われています。この業界に少しでも詳しい方であれば、お客さんのほうからかかってくる電話のことだなと、イメージすることはたやすいでしょう（そういえば「夢の遊眠社」を野田秀樹さんと作った元半導体のエンジニアで作家の阿川大樹さんが最近、『インバウンド』という沖縄のコールセンターを舞台にした、そのものずばりの、非常に面白い経済小説を書かれています）。

あるいは旅行・ホテル業界の人であれば、海外から日本への旅行客のことをイメージするかもしれません。

この業界においては、「インバウンド向けのマーケティング」という言葉が使われることがありますが、それは海

外旅行客を日本に誘致するためのマーケティングを指します。例えば、公的機関が実施している「YOKOSO! JAPAN」といった海外諸国に向かっての日本への観光客誘致キャンペーンも「インバウンド」対策の1つです。

　また、この業界においては「国内のホテル予約サイトだけではなく、海外の予約サイトにもちゃんとホテルや旅館の情報をのせましょう」とか、「ブログやTwitterに英語で情報を発信することで、ホテルや旅館を見つけてもらおう」という、まさに本書で語るような「インバウンドマーケティング」を、「インバウンド向け」にすでに行っているケースも見られます。加えて、通信関係で使われる「インバウンド」は、簡単に言ってしまえば、外部データを受信することを指します。

　このように、業種や領域は違えど、「インバウンド」という言葉はすでにいろいろなところで、さまざまな意味で使われています。これらのいずれにも共通して「内側に向いている」だとか「外からこちらに向かってくる」とかいうニュアンスがあるということはおわかりいただけるでしょう。そしてこの「インバウンド」の反対語が「アウトバウンド」です。これは「インバウンド」とは逆に「外側に向かう」という意味合いを持ちます。

「インバウンドマーケティング」という言葉が生まれたのは、アメリカのマサチューセッツ州ボストンです。ボストンを走る電車は、下り、つまり都市部から離れていく電車のことを「outbound」と呼び、都市の中心部に向かう上り電車のことを「inbound」と呼びます。2000年代の中盤、この場所で、互いにベンチャー関係の仕事に従事していた

ブライアン・ハリガンとダーメッシュ・シャー（Dharmesh Shah）の2人が、マサチューセッツ工科大学（MIT）で出会いました。この2人の人物の共通点は、自分たちのビジネスを経て、従来のマーケティングやセールスのやり方に疑問を持ち始めていたということでした。のちに HubSpot, Inc. の共同創業者になる彼らは、今までのマーケティングのやり方を「アウトバウンド」、つまり人々のいるところに出て行くが、ともすればそれは、人々の生活の邪魔をすることになっているのではないかと疑問を持ち始めます。

ボストンでは電車の上り／下りを inbound/outbound という

「私は長い間マーケティングに関わってきて、従来のマーケティング手法を見てきました。従来のマーケティングにおいては、リストを買って大量のメールを送付したり、電話番号リストを買って、いきなり営業電話をしたり、大量の広告を出稿したりしてきたわけです。しかし、こうした従来のマーケティングのやり方は、壊れてきてしまってい

るのではないかと私は考えています。

　人々はマーケティングされることに嫌気がさしています。一方でますます賢くなってきており、企業のマーケティングをブロックし始めています。例えば、いらないメールはスパムブロック機能で排除できるようになってきているし、番号通知サービスを使えば、知らない電話に出ないようにすることもできます。オンライン広告をブロックするソフトウェアも出てきています。こういった状況があるので、従来のやり方では人々にリーチすることすら難しくなってきているのです。

　一方、それと同時に、モノを買うとか何かを調べるといった人々の行動には劇的な変化が起こっています。生活の中に検索サービスが浸透し、例えばナレッジワーカー（知識労働者）であれば1日20回以上もGoogleを使っています。また、FacebookやTwitterなどのソーシャルメディア、ブログといったものにも、多くの時間を使っています。

　マーケターはこういった人々の行動や環境の変化に合わせて、マーケティングのやり方を変えていかなければならないでしょう。一連の、人々の生活の邪魔をする従来のやり方、アウトバウンドで人々が求めていない情報を一方的に送るようなスパムメールや営業電話、あるいは従来的な広告から脱却し、代わりに人々の生活や購買プロセスに合うようなマーケティングに変わっていくべきなのです。

　どうやって人々に検索結果からこちらに振り向いてもらうか、どうやってブログからこちらに惹き付けることができるか、ソーシャルメディアでどのように興味を向けてもらうようにするか。インバウンドマーケティングの背景には、このような考え方があるのです」

以上は、現在HubSpotのCEOであるブライアン・ハリガンが、2013年2月25日に東京・恵比寿で開かれた『INBOUND MKTG 2013 TOKYO』に寄せたビデオレターで語った言葉です。

　一見、彼自身が従来の"アウトバウンド"なマーケティングを否定しているようなセリフにも聞こえます。しかし、彼のメッセージにあるのは、それら従来のマーケティング手法を否定し、拒否しているのは、マーケターがリーチしたいと思っている人々のほうであり、彼らは企業のマーケティングから逃げる方法をどんどん身につけているという事実なのです。

インバウンドマーケティングに目を向けるべき理由 その1――情報流通量の変化

　次ページのグラフは、いろいろなところで引用されているので、すでにご覧になっている方もたくさんいらっしゃるかもしれません。広告・マーケティング業界の中ではよく読まれたといわれている『情報大爆発―コミュニケーション・デザインはどう変わるか』（秋山隆平／宣伝会議2007）に引用されて以来、目にする機会が非常に増えたグラフです。このグラフは総務省の情報通信政策研究所の調査で明らかになった、流通情報量（世の中に流通している情報量）と消費情報量（消費される情報量）の伸びを表しています。本書執筆時点では平成23年（2011年）8月のものが最新で、平成21年分までの調査結果となっていますが、それでも、インターネットが普及して以降の"産み

■■ Chapter 1 「見つけられる」マーケティング

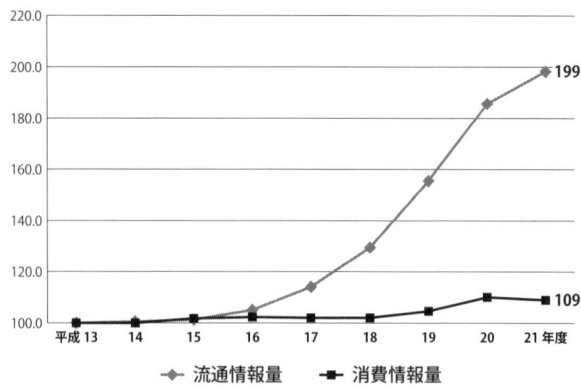

情報流通量の推移
出典：総務省情報通信政策研究所「情報流通インデックス」(平成23年8月)

出される情報の量"と"消費される情報の量"のアンバランスさが十分過ぎるほど表現されていることが理解できるでしょう（この調査に興味のある方は、総務省情報通信政策研究所のサイトをどうぞ）。
(1-1)

　このグラフが表現しているのは、もはや私たちの周りには、摂取しきれないほどの情報があふれているということです。バイキング形式のレストランに行けば食べ物がたくさん並んでいて、「どうぞお好きなものをお好きなだけお取りください」と言われますが、人間の胃袋のサイズは限界があるので、どんな大食漢でも、そのお店の料理をすべて食べ尽くすことはできません。そして、日々私たちが接する情報も、まさにそのような感じになっているということです。いわば情報過多、情報の大洪水時代に私たちは生きているのであり、すでにお腹いっぱいなのです。そんな

| 〈1-1〉http://www.soumu.go.jp/iicp/

状況の中で、企業の都合で新たな情報を送りつけられても、人々は消化することができません。

インバウンドマーケティングに目を向けるべき理由　その2——見向きもされない情報

　マーケターにとっての第一の課題として、情報流通量の増加を挙げました。しかし、もしかすると「情報がそれだけたくさんあるのであれば、それに埋もれないよう、なおのこと大きな声で叫べばいいのではないか？」と考える人もいるかもしれません。それに対しては、次の言葉を引用しながら回答しましょう。

　「企業は広告を爆撃のように毎日投下している。しかし、その多くが読むべき価値のないようなものだ（Companies bombard us with advertisements every day, but most of the time they are not really worth reading!）」

　これは2013年5月に香港とシンガポールで開かれた、Content Marketing Conference 2013 に使われたスローガンです。確かに大きな声で叫べば、多少は目立つかもしれません。しかし、これほどまでに情報量が多い世の中で、（受け手の側では）すでに広告は価値のないものであるというように態度が固まっているという可能性を考えておくべきなのです。そんな中で、いくら声を大きくして情報を流し続けていても、それはもうただ"スルー"されてしまうだけです。上に引用した言葉は、そうした事実を突きつけるものでしょう。

Chapter 1 「見つけられる」マーケティング

　誤解を恐れずに言うと、従来のマーケティング、特に広告というのは、ある意味、楽でした（というと、広告業界の人に怒られるかもしれませんが）。なぜなら、どうやって人々の注目を集めるか、広告を出す側が自分で考える必要はなかったからです。他の誰か（つまりメディア）が集めてきてくれた読者・視聴者という名の人々に対して、「広告枠」というものを買うことで簡単にリーチできたのです。

　ところが、そうした読者・視聴者は、記事や番組を見るためにそれぞれのメディアに接触しているわけで、業界雑誌を熟読しているような広告ウォッチャーであればまだしも、わざわざ「広告を見るため」にテレビを見たり新聞を読んだりするような奇特な人は、まずいないでしょう。

　つまり、それぞれのメディアにおいて「コンテンツ」を楽しんでいる人々にとっては、広告など、トイレタイムの対象でしかありません。できればスルーしたいものであり、コンテンツ消費にとって邪魔ものだったのです。もちろん、テレビをただで見られたり雑誌や新聞を安く買えるのも広告があるからこそなのですが、残念ながらそういうビジネスモデルだからとは、普通の人々は見てくれません。

　一方、人間というのは、いろいろな情報が流れているような環境下で、それぞれが自分にとって重要だと認識した情報だけに注意を示すという認知特性があるといわれています。心理学の世界ではこれを「選択的注意（Selective attention）」と呼びます。例えば、パーティー会場のような非常にザワザワした騒々しい場所にいるときでも、自分に関する話や自分の興味のある話だとふと耳に入ってくる

ということがありますが、これは「カクテルパーティー効果」と呼ばれ、「選択的注意」の代表例として知られています。選択的注意の特性は、裏返せば、自分に興味のあること以外は聞こえないということでもあります。いずれにしても、この特性を理解することが、「情報過多・情報大洪水」の時代においてマーケティング活動をする上で非常に重要であるのは間違いありません。

興味を持ってもらえる情報を興味を持ってもらえるタイミングで

シカゴの Tech Image というテクノロジー業界専門のPR会社でCEOを務めるマイク・ニコリッチ（Mike Nikolich）が、MarketingProfs という業界ウェブメディアに寄稿した記事から次のような文を挙げておきたいと思います。

(1-2)
http://www.marketingprofs.com/articles/2012/9637/eight-ingredients-of-effective-inbound-marketing-for-generating-and-qualifying-leads

Chapter 1 「見つけられる」マーケティング

「確かに、人々がいつあなたたちの商品を買ってくれるかなんてことは予測することができない。しかし、一方で彼らがこちらの話を聞いてくれる（Receptive）状態になることが、たまにある。心理学者が"選択肢としての魅力（Selective attraction）"と呼んでいる状態だ。例えばあなたが、興味のあるコンテンツを見ているときには、非常にオープンで話を受け入れやすい状態になっていることがあるだろう」

マイク・ニコリッチの挙げた"選択肢としての魅力（Selective attraction）"という言葉は、日本語に訳しにくいので少し説明をすると、人々が何か特定の情報を探している状況では、それに関連した情報を提供すると話を聞いてもらいやすいということを指しています。

まとめると、情報過多・情報大洪水の時代において、人々は"選択的注意（Selective attention）"によって情報を選り好みしている、だから、マーケターは"選択肢としての魅力（Selective attraction）"を準備しなければいけないということです。

もっと簡単に言うと、「情報が多過ぎるから自分たちが興味ある情報しかもうみんな見てくれないよ。だから興味を持ってもらえるタイミングが起こったときに、その選択肢に入っていられるようにしようよ」という感じでしょうか。

インバウンドマーケティングの世界では「Get Found（見つけられるようにしよう）」という言葉がよく使われますが、単に見つけられるだけでなく、適切なタイミングで見つけられることが大事です。

このことを理解するために、マイクの文章からの引用をもう少しだけ続けましょう。

「選択肢としての魅力（selective attraction）というのは、それぞれの人の興味にぴったり合ったとき、より威力を発揮する。例えば、私は買い物に行くのが本当に大嫌いだ。でもその一方で、何かが欲しいと思ってどこかのマーケットに出かけていくときには、常に買い物中毒になってしまう。つまり、ゴルフ用品やコンピューター、AV機器や自動車といったものが欲しくなったら、いろいろと調べたりするのに何百時間も費やすということだ。

　しかし、いったん何を買うか決めて、実際その商品やサービスを買ってしまうと、とたんにそうしたものに興味がなくなってしまう。つまり、マーケターの皆さんが私に広告やお得情報（Sales offer）を爆弾のように投下してきたとしても、それは時間の無駄遣いでしかない。一度購買の意思が固まってしまうと、次の数年がたつまで、ある物事に対しての私の意識・関心というものは閉ざされたままになると思う」

　これは何も特別な話ではないでしょう。きっと本書を手にした皆さんも、同じような経験をしているはずです。
"適切なタイミングに適切なメッセージを（The right message at right time）"というのは、広告・マーケティングの世界でもずっといわれてきている話です。ターゲットとなる人々の「ある瞬間」に「あるメッセージ」を適切に出すというのは、特別に新しい考え方というわけではありません。

■■ Chapter 1 「見つけられる」マーケティング

　例えば、「行動ターゲティング広告」や「リターゲティング広告」のように、それまでの人々の行動履歴に基づいて広告を出すという広告技術や、CRM、One to One マーケティングといったことは、これまでもずっといわれてきたわけです。もちろん、テレビなどのマス広告やアウトドア広告の世界においても「リーセンシー」という考え方がありました。

　インバウンドマーケティングも、この"適切なタイミングに適切なメッセージを"という考え方の流れにある、1つのマーケティングコンセプトであることは間違いありません。ただ、明らかにこれまでの考え方とは違うポイントが2つあります。1つは、「マーケター側ではなく、人々のタイムライン（時間軸）に合わせたマーケティングを行う」ということ。もう1つは「マーケティングを好かれるものにしよう」ということです。

(1-3)
行動ターゲティング広告：ページの閲覧履歴や、クリックした広告、検索に用いたキーワードなどインターネット上におけるユーザーの行動履歴からその人の興味関心を予測し、最適な広告配信を行う手法。
(1-4)
リターゲティング広告：ブラウザのクッキー情報から自社サイトを来訪したことのある人を把握し、（すでに自社に関心があると予測される）その人たちをターゲットに広告を配信し、再びの来訪を促す手法。
(1-5)
Recency。直前に接触した広告が購買行動に影響を与える効果のこと。リーセンシーが高いほど広告効果が高いとされる。

人々の時間軸に合わせたマーケティング

　先ほど「アウトバウンドマーケティング」というのは、こちらから人々のいるほうに出て行く従来のマーケティングのやり方であるということを述べました。これに対して、「インバウンドマーケティング」は、人々をあちらからこちらに向かってくるようにするマーケティングです。これは、例えばマイク・ニコリッチが例に挙げたように、何かの商品やサービスを調べているようなタイミングにある人に対して、その人たちに聞いてもらいやすいマーケティングを行うということです。

　これは単に、「こちらからあちらへ」と「あちらからこちらへ」という、"方向"の問題だけではありません。もっと本質的な、マーケターが向き合わなければならない課題が、この背景にはあります。

　従来型のマーケティングというのは、企業やそのマーケティング担当者が決めたスケジュールに基づいて実施されてきました。テレビCMを流すとか新聞広告を掲載するといった広告出稿のタイミング、PRを仕掛けるために特定のキーワードを露出させるタイミング、ネット広告に出稿するタイミング、イベントを行うタイミング……。あらゆるマーケティング活動は、キャンペーン化・スケジュール化され、企業側のタイムライン（時間軸）に合わせて実施されます。そのタイムライン上で、リーチしたいターゲットユーザーと接触できれば、マーケティング施策はうまくいくでしょう。しかし、実際のところ、企業側が仕掛けたタイミングに合わせて、人々は都合よく動いてくれるものでしょうか？

Chapter 1 「見つけられる」マーケティング

「情報過多・情報大洪水」の時代において、消費される情報量は産み出される情報量よりも大幅に少ないことを先に述べました。そして、そうした中では人々の「選択的注意」に引っかかるものでないと、情報を受け止めてもらえないということも指摘しました。

こうした現象についての考察は1990年代から存在しますが、当時の議論においては、人々は大量の情報に降り注がれながら、その中で選択したコンテンツだけを受け入れているという話にすぎませんでした。いわば人々は情報の「受け手」として、受動的な「情報選択」をしていた時代だったのです。

しかし今、人々はそもそも、降り注いでくる情報の相手はまったくせず、自分たちが気になる情報を検索したり、ソーシャルメディアでシェアされたコンテンツから有益な情報を得たりするようになっています。より積極的な「情報選択」の時代に入っているわけです。

例えば、本書の読者であるあなたは、どういったタイミングで検索をしますか？ 少しだけ考えてみてください。「続きはウェブで」広告を見たあと、あるいはテレビ番組で「今＊＊＊が＊＊＊に効く！」とキーワードが出たときに頻繁に検索していますか？ 実際には、こうした、企業が広告やPR活動として仕掛けた"外部刺激"に基づいて検索をする機会は、案外少ないのではないでしょうか？

検索は、何かしら調べようとするものが出てきたとき、気になることができたときに使われます。ソーシャルメディアは、自分が何かをシェアしたいというときに情報が投稿されます。つまり今、人々の情報活動は、企業側が作っ

たタイムライン（時間軸）とはまったく関係がない、自分たちのタイムラインで行われているわけです。

　人々をコントロールしようとするのではなく、人々のコントロールする情報取得タイミングに合わせよう。企業側のスケジュールではなく、人々のスケジュールに合わせたマーケティングをしよう。インバウンドマーケティングの背景にはそういった考え方があるのです。

マーケティングを好かれるものにしよう

　2012年9月、HubSpot主催にして世界最大のインバウンドマーケティングのカンファレンス「INBOUND 2012」において、同社のブライアン・ハリガンとダーメシュ・シャーは、「マーケティングってそもそも嫌われていて、マーケターは嫌われ者だったんじゃないかな」という話を始めました。私たちのように、マーケティングや広告に関する業種にいると気づかなくなってしまうこともありますが、何かを売り込むという行為そのものが、人々の生活の邪魔をするものという風に思われることも少なからずあるでしょう。日本でも、そう遠くない昔「押し売りと広告屋はお断り」といわれていた時代があります。HubSpotの創業者2人の話は、マーケターにそういった自覚を持たせるものだと思います。

　一方で、2人はイベントの参加者に問いかけました。「自動車のセールスマンは、いくら人相がよくても押し売りっぽい感じがする。一方で、学校の先生や弁護士はどんなに人相が悪くても尊敬されるよね。じゃあマーケターはどうなんだろう」と。

Chapter 1 「見つけられる」マーケティング

実際、マーケティング業界従事者は嫌われてるんじゃないかというのが、彼らの主張でした。広告という名の爆弾を投下し続け、突然DMを送りつけ、営業電話をかけるというのは、興味のない情報を無理やり押し付けていることであって、やはり人々の生活を邪魔していることにほかなりません。そして、マーケターはそれを企画し、サポートしてきたわけだというのです。もはやマーケターはこういったことをやめて、嫌われ者から脱却しなければいけない。そういった思いを込めて彼らは"Make Your Marketing Lovable（あなたのマーケティングを好かれるものにしよう）"という言葉を提唱しています（ブライアンとダーメシュと同じように、日本でも、コミュニケーション・デザイナー／マーケティングアドバイザーの河野武氏が「愛される会社」としてのマーケティングを提唱していますが、基本的に非常に近い考え方と言っていいかと思います）。

では「マーケティングを好かれるものにする」ためには何をすればよいのでしょう。具体的には例えば、

- 受け手にとって「読む価値のない」、企業側視点のメッセージを爆弾のように投下することはやめる
- 代わって、自分たちがコンタクトしたいお客さんたちにとって、「読む価値のある」「役に立つ」コンテンツを提供する
- CRMやマーケティングの自動化のためのツールは、企業側の視点ではなく、ユーザー側の視点で利用すべきである
- 適切なタイミングとは、企業側にとって適切なタイミ

ングではなく、相手にとって適切なタイミングのことである
・情報を送り届けるという発想から、情報を探しているときにその情報ニーズに合った情報を提示する

という発想が挙げられます。これらのいずれにも、お客さんに嫌がられないような、邪魔しないようなマーケティングを行おうという態度・姿勢、つまり「inboundy」なニュアンスが貫かれていることが、わかっていただけるのではないでしょうか。

　例えば、もしビジネスブログを準備したとしても、企業や商品・サービスの情報ばかり書いているようなら、それはお客さんにとっては読む価値がないと言っていいでしょう。あるいは（もうさすがに少なくなりましたが）社長の食べているものを毎日書いているようなものも同様で、興味を持ってもらえるきっかけにならず、スルーされてしまうだけです。

　むしろブログに必要なのは、自分たちがつながりたい人々がどのようなことに興味を持っているか、どのような課題を抱えているのかを把握した上で、それに関連したコンテンツを提供することです。

　番組と番組、記事と記事という、コンテンツとコンテンツの間に挟まっていた企業メッセージ＝広告は、概して嫌われものでした。まったく関係ない文脈で現れる邪魔ものであり、役に立たないものと思われていたからです。

　では、企業あるいはマーケター自らが、役に立つコンテンツを産み出すことができればどうでしょうか？　きっと

■■ Chapter 1 「見つけられる」マーケティング

　それは、広告のように嫌われることはなく、むしろ人々から支持されるものになるかもしれません。
　一定期間開封されたこともクリックされたこともないようなメールマガジンはじきに「スパムボックス」行きとなると思われます。しかし、それが受信者の欲しい情報を欲しいときに受け取れるようなものであれば「スパム化」することもないでしょう。
　このように、考え方を少し変えて、あくまでも相手の視点に立って、相手の課題に応えてみようとすることで、既存のマーケティング活動ですら、lovable marketing（好かれるマーケティング）に変わるかもしれない。このことを理解しておいてください。
　インバウンドマーケティングは、従来の、いわば嫌われものとしてのマーケティングのアンチテーゼでもあるわけです。なので、インバウンドマーケティングにおいては、その手法を理解する前に、まずはマーケター自身のマインドセットを変えることからスタートしてほしい。私は、セミナーやイベントでの登壇機会があるときには、必ずそのような思いを伝えるようにしています。
　同じマーケティングを行うのであれば、嫌われものとしての営みでなく、好かれるためのマーケティングでありたいものです。今こそ、このパラダイムシフトにのって、相手の興味関心とそれが起こるタイミングに合わせたマーケティング活動＝インバウンドマーケティングを行うよう、思考と態度を180度変えてみましょう。

: COLUMN 1

HubSpotって何？
「HubSpot, Inc. について」

2006年6月に、現CEOのブライアン・ハリガンと現CTOのダーメッシュ・シャーの2人によって設立された、統合型マーケティングソフトウェア「HubSpot」を開発・販売する企業がHubSpot, Inc. です。

HubSpotのロゴ

米国ボストンに本社があり、海外拠点はアイルランドのダブリンのみですが、全世界のユーザー数は1万を超えます（2013年8月現在）。米国では有名なベンチャーキャピタルであるSequoia CapitalやGoogle Ventures、そしてSalesforce.comも出資している、全米でも特に注目されている未上場ベンチャー企業なのです。

もともとMIT（マサチューセッツ工科大学）で出会ったブライアンとダーメッシュはそれぞれベンチャーキャピタリストやエンジェル投資家として活躍していたのですが、2人とも従来のマーケティングのやり方が壊れ始めてるのではないか？　という疑問から、より人々に嫌われな

ブライアン・ハリガン（左）とダーメッシュ・シャー

いマーケティングの考え方があるのではないかと考え、2005年に「inbound marketing」というコンセプトを打ち立て、HubSpot, Inc.を起業するに至ったといいます。そして2009年に2人が共同執筆で出した *Inbound Marketing: Get Found Using Google, Social Media, and Blogs* が話題になり、一気にインバウンドマーケティングが注目され始めたわけです。

同社は「HubSpot」というマーケティングソフトウェア

2人の共著書 *Inbound Marketing: Get Found Using Google, Social Media, and Blogs*（邦訳は『インバウンド・マーケティング』すばる舎、2011年）

しか売っていない、いわば単品商売ですが、この数年で数千倍の成長率を誇る会社です。

私はGoogleにいた経験もあるので、HubSpotのような企業の雰囲気には親しみを感じるのですが、Googleでは広告プロダクト開発をしているのは一部のエンジニアやプロダクトマネージャーであって、それ以外は消費者向けプロダクト（Google Maps, Androidなど）を開発しており、後者に関しては広告などに興味がないようなエンジニアも見かけました（もちろんそれがGoogleっぽさでもあるのですが）。一方でHubSpotはプロダクトマネージャー、エンジニア、チャネルアカウントマネージャーなど、すべての人が「マーケティング」について考えています。しかも、彼らの言葉で言えば、inboundyで lovableなマーケティング（押し付けでない嫌われないマーケティング）に焦点を合わせて会社全体が動いています。

企業文化としても「働きたい会社」「最もインタビューが難しい会社」などに取り上げられるくらい注目されている企業なので、日本のマーケティングサービス事業者も、ぜひ見習うべき部分がたくさんあると思います。

インバウンド
マーケティング
CHAPTER 2

マーケティングコンセプトの過去・現在・未来

この章は「インバウンドマーケティング」の手法を早く知りたい人には興味がない内容かもしれませんので、飛ばしていただいても構いません。ただ、インターネットを使ったマーケティングの歴史について知り、どのようなマーケティングコンセプトの変化があって今という時代があるのかを理解しておくことは、決して悪いことではありません。そこで、ちょっとだけ寄り道をしていただきます。

オンラインマーケティングの集大成

「インバウンドマーケティング」という概念の普及に努めていると、「そんなものは前からあった」とか「やってるところはとっくにやってるよ」などといった言葉をよく耳にします。ええ、当然です。私自身も、HubSpotが提唱する「インバウンドマーケティング」に初めて出会ったときには、ある種の懐かしさを覚えたくらいですから。

では、なぜ私が今「インバウンドマーケティング」に注目し、かつ、このようにオンラインマーケティングの"歴史"を振り返ろうとしているのかというと、このコンセプトが、インターネットを中心にしたマーケティングの世界で、先人たちが産み出してきた概念を積み重ねてできた地層の上に成り立っているからです。

インバウンドマーケティングで用いられるさまざまなメソッドや手法は、これまでに言われてきたマーケティングコンセプトや、従来使われてきたオンラインマーケティングの集大成のようなものなのです。以前、個人ブログ「mediologic」でも書いたのですが、私がインバウンドマーケティングに注目した背景には、マーケティング業界の「サイロ化」があります。サイロとはもともと、穀物や家畜のえさなどを貯蔵する格納庫のことで、窓がなくて周囲が見えず隔絶されていることから、他と分断・孤立してし

(2-1)
http://mediologic.com/weblog/why-did-i-pick-up-inbound-marketing/

まっている状態を表す言葉として使われています。特にサイロ化が著しいのがオンラインマーケティング業界です。各分野が細分化され、高機能化していった結果、それぞれが分断された状況になっていることを、私は懸念しています。

　多種多様なマーケティング課題を解決するためには、さまざまな手段・手法を使う必要が出てくることが、しばしばあります。にもかかわらず、SEOはSEO業者へ、メールマーケティングはメールマーケティングのツールベンダーへ、CRMはCRM専門の業者へ、ソーシャルメディアはソーシャルメディアマーケティング支援会社へと、企業のマーケティング担当者は、バラバラに頼まなければいけません。

　昔であれば、例えば総合広告代理店といわれる会社に頼めば、ワンストップであらゆることを実現してくれました。彼らが持っている「お品書き」の中に、企業側がやりたいマーケティング施策が網羅されていたのです。

　しかし、現在では、総合広告代理店ですら、「総合的」にはクライアント課題に対応できないくらい、マーケティング業界の分業化・細分化は進んでいます。結果、企業のマーケティング担当者は、専門各社と週に何時間もミーティングをして、彼らが上げてくるそれぞれのレポートに目を通すという感じで、マーケティング業界の分業化・細分化の犠牲者として忙殺されてしまっています。

　また、それぞれの手法ごとにツールは高機能化しており、相当に深掘りされているとは思いますが、実際には「それ使うの？」と首をかしげてしまうような機能が増えているのも事実です。そして、マーケティングサービスの従事者

■■ Chapter 2 マーケティングコンセプトの過去・現在・未来

も、それぞれの専門領域でビジネスを行うことしかせず、横断的かつ総合的にマーケティング課題に応えるソリューションを提供できていません。結果として、各専門業者を束ねるクライアント企業側に大変な労力が増えてしまっているのです。

インバウンドマーケティングにおいては、各ツール・手段を横断的に使うことになります。まずは、必要なツールを必要な部分だけつないでマーケティングを行っていくことが基本的な活動になります。また、それぞれのツールをどのような発想で使うのか、これまでバラバラだったマーケティング手法を統合的・総合的に使えるスキルと、それを使うための「インバウンド視点（inboundy）」によって、無駄な労力を省くことができますし、かけた労力に見合った効果とそれ以上の面白さを感じることは保証します。

❙ インバウンドマーケティング誕生前史

では、この「インバウンドマーケティング」が産み出されるまでの、インターネットを使った広告・マーケティングの歴史を駆け足で見ていきましょう。

前述したように、インバウンドマーケティングは、過去、に先人たちが産み出してきたビジネスモデルやマーケティングコンセプトの地層の上に成立しています。ただ、オンラインの領域のマーケティングは、ここ数年の間に入ってきた人が大半で、若い世代が多いのも特徴です。そのため、これまでにどのようなものが生まれてきたのか、知らない人も多いでしょう。

具体的な手段・手法に入る前に、これまでどんなマーケ

ティングのコンセプトがあったのか、それを知ることはインバウンドマーケティングを理解する上で、決して邪魔になるものではありません。インバウンドマーケティングが単なるバズワードに終わらず、本質的なマーケティングの変化に対応したコンセプトであると理解するために、少しだけ歴史を知っておきましょう。

検索行動と検索連動型広告

　まず検索連動型広告の歴史から見ていきましょう。
「情報を探している人とそれに関連する商品・サービスを提供している企業とのマッチング」という視点は、今となっては、すごく当たり前のように思えますが、実際のところはマスマーケティング主流の世界ではできなかった仕組みです。今では検索という行為そのものが普通になってきているので、ある情報を「探している人」にターゲティングを行い、広告を出すということが簡単にできます。しかし、こうした仕組みも、実は生まれてからそう長い時間はたっていません。本書を執筆している2013年時点で、やっと15～16年の歴史になるといったところです。

　その萌芽は、米国のアイデアラボ社が1997年に産み出した「GoTo.com」というサービスでした。これは、検索サービスと結びついた最初の広告サービスで、ユーザーがあるキーワードで検索をすると、それにマッチした広告が出てくる、今の検索連動型広告の原型となったものです。のちに「Overture」と名前を変え、その後2003年にYahoo!傘下の企業となります。

　GoTo.comでは検索結果に対して複数の広告が表示され

るのですが、広告金額に応じて掲載順位が決定していました。料金は入札制で決まるので、1クリックあたりに支払う金額が高ければ高いほど、上位の位置の枠を獲得することができたのです。これは、顧客を獲得することに必死である企業だからこそ、たくさんお金を払えるのであって、お金があればあるほど、いい広告位置を獲得できるのは当然という考え方です。この点でGoTo.comは、入札制であること以外、従来型の広告サービスのビジネスモデルとさほど大差はありませんでした。

　雑誌であれテレビであれ、お金さえ支払えば「いい枠」を取ることはできます。つまり、何かを探している人とそれを提供する企業とを結びつけるサービスとしてのGoTo.comは、非常に画期的なマーケティングサービスではあるものの、掲載順位の決定権は企業側にあり、たとえ検索結果で5位の位置をつけた企業のほうがいい情報・いい商品を提供していたとしても、お金をたくさん支払える企業の広告が上位に来るという、企業間のマネーゲームだったわけです。

　一方、2000年からスタートしたGoogleのAdWordsは、単純に入札金額だけで順位を決めるわけではなく、入札金額とクリック率を乗じた数値で順位を決めました。

　広告が表示された回数に対してどのぐらいクリックされているかということを表すのがクリック率ですが、Googleは「広告がクリックされる」ということを「その広告がユーザーに支持されている」と考えたわけです。

　AdWordsが従来の広告ビジネスと一線を画した革命的なサービスだった理由はここにあります。

　従来の広告メディアにおいては、人々に好かれない、興

味が持たれない、支持されない広告であっても、枠さえ買っていれば、露出が保証されました（もちろん、「露出した」と「効果があった」はまた別の話です）。しかし、AdWordsにおいては、支払った金額にかかわらず「もし人々がその広告に興味を持ってくれない（＝クリックされない）のであれば、その広告には退場してもらいます」と宣言しているのです。これは、ある人々から見ればとんでもない、また他のある人々から見れば非常に画期的な、民主主義的な発明だったわけです。

　このAdWordsが成功した背景には、まず「他の人にとっては役に立たない邪魔な情報であったとしても、それを欲している人にとっては有益な情報になる」という考え方があります。例えば「ハンコ」に関する広告があったとして、多くの人にとってはまったく関係がないかもしれません。でも「ハンコ」を安く購入できる店を探している人々には、その広告は非常に都合のいいガイドとなり、クリックされるわけです。つまり、「広告が効くタイミング」というのは「その広告の関連情報をある人が探しているとき」ということになります。この点においてはGoTo.comの仕組みとほぼ同じです。ただ、企業側のマネーゲームだけが変数になって掲載順位を決めるGoTo.comに対して、AdWordsはクリック率を掲載順位に加味したことで、良質な広告枠の獲得合戦にユーザー自身をも参加させたわけです。もちろん、1人1人の検索ユーザーはそのことを意識しているわけではありませんが、結果的には、企業の論理だけで決められていた良質な広告枠の配分を、部分的にユーザーにゆだねる形になったのです。

　おさらい的にAdWordsの仕組みを簡単に説明しておき

ましょう。

例えば、1クリック100円の広告と1クリック150円の広告があったとして、それぞれクリック率が0.3%と0.2%だとしたら、それぞれを乗じた数字は同じになります。

（100円 × 0.3% = 0.3）＝（150円 × 0.2% = 0.3）

GoTo.comの仕組みだと、クリック率が加味されなかったので1クリック150円の広告のほうが上位を獲得できました。しかし、AdWordsの場合はそうなるとは限りません。もし1クリック100円の広告のほうが0.4%のクリック率を稼ぎ出したとしたら、乗じた数字は1クリック150円のそれを超えます。

（100円 × 0.4% = 0.4）＞（150円 × 0.2% = 0.3）

つまり、クリックされる広告＝支持されている広告とは、ユーザーにとって、1つの有益な情報としてとらえられていると考えられるため、たとえ1クリックあたりに支払われた金額が安くても上位を取れるということになるのです。

このGoogle AdWordsの考え方は非常に画期的過ぎて、当初はなかなか理解されませんでした。

特に大手と呼ばれる広告代理店や広告主からすると、買う側が順位をコントロールできないなんてあり得ないわけで、現に米国でも日本でも「そんなものは売れない」と言われたものです。しかしながら、AdWordsの広告効果は広く認められ、現在ではGoogleは"世界最大の広告会社"

となっていることは、皆さんもご存じのとおりです。

　GoTo.com にしても AdWords にしても、「検索」という人々の新しい情報行動が引き金になって生まれたサービスです。米国に *Wired* というハイテク・カルチャー向けの雑誌がありますが、その元編集長で、Google に関する書籍 *The Search*（邦訳『ザ・サーチ　グーグルが世界を変えた』日経BP社）を書いたジョン・バッテル（John Battelle）いわく、もともとデータベースというのは"Information" の塊と考えられてきたけれども、検索エンジンは "Database of Intentions"、即ち、よりダイナミックでリアルタイムな人々の"意図や関心（Intentions）のデータベース"となっていると主張しました。つまり、検索という行為に対してマーケティングを行うことは、人々の意図や関心が起こるタイミングにマーケティングを行うということであり、それができるようになったことが、この 20 年ぐらいのマーケティングにおける、最も大きな変化ではないかと私は考えています。

：ZMOT

　2011 年に Google は「ZMOT」という概念を提唱します。ZMOT とは "Zero Moment of Truth" のを縮めたもので、2000 年代半ばに P&G が提唱した「FMOT」と「SMOT」を発展させたものです。FMOT は "First Moment of Truth"、SMOT は "Second Moment of Truth" の略です。FMOT は、消費者とブランド・商品が出会う瞬間、即ち棚や店頭のことを指し、SMOT は買ったあとの体験のことを指します。マスメディアを通じて流される広告を見て、

それを覚えていて店頭で商品を買うという、一般的に日本でAIDMAとして知られる「Attention（注意）-Interest（興味）-Desire（欲求）-Memory（記憶）-Action（行動）」モデルを若干否定し、商品と"初めて出会う場所"としての棚を重視し、そしてそのあとのブランド・商品との体験を重視せよというものでした。この概念に基づいてマーケティングを行った当時の企業は、このFMOTの視点で店頭を重視し、マス予算を減らしてもマーケティング効果を高くすることに成功したと言われています。

これに対して、「今では、人々は店頭に行く前にいろいろ調べてからモノを買っているんじゃないか？」という仮説から生まれたのが「ZMOT」です。"First Moment"つまり1番目の瞬間である棚よりももっと前の段階、"Zero Moment" = 0番目の瞬間に、パソコンやスマホを通じて、自分が興味関心を持っていることを検索し、そこでとあるブランドや商品に出会う。そして、単にそれらの名前を知るだけでなく、クチコミサイトでレビューを見たり、関連する動画を見たり、さまざまな情報をネット上で仕入れて、何を買うかほぼ決めた上で店頭に向かっているのではないかというのです。

この"買う前に情報をすでに集めている"という仮説は、欧米でも日本でも、さまざまな調査によって実証されており、今となっては認めざるを得ない事実です。B2Cでは、これまでも自動車や家電製品など比較的高価で長期的に使う商品については、購入する前にインターネット上のレビ

(2-2) http://www.zeromomentoftruth.com/

ZMOTの概念図

ューをくまなく調べ、かつどこが一番安いかを探したうえで買うのがほぼ常識になってきていますが、最近では「そんなものまで調べないよ」と思われていた低価格の日用品ですら、検索やソーシャルメディアなどを経由して商品情報が調べられるようになっています。

　B2Bの場合には、複数の業者のサイトを訪れ、サービス内容や企業概要を調べた上で問い合わせが来ることも多くなってきました。取引額が大きく関係者にレポートを共有する機会も多いからでしょう。結果として営業マンが訪問し、会社案内のパンフレットを提示して「弊社はかくかくしかじかでして」と説明する必要もなくなっています。

　別の観点から見れば、インターネット上で自社のコンテンツを提供していない企業は、こうした毎日のように起こっている人々の情報収集活動の対象にならないわけです。1章で述べた「選択的注意（selective attention）」に引っかからないとも言えます。なので、まずは、こうした人々

の情報行動の変化、即ち検索するという行為が普通化していることと、それに関連した検索エンジンと検索連動型広告の登場、そして進化ついて、まずは上記した内容は理解しておいてほしいと思います。

この話は、検索結果などで「見つけられる（Get Found）」ことを目指す、インバウンドマーケティングの実践にも、非常に密接に関連してくるのです。

One to Oneマーケティングとリコメンデーション

最近ではあまり耳にすることもなくなったのですが、「One to One マーケティング」という用語は、インターネットのマーケティングを語る上で外せない概念です。この考え方は1993年に、ドン・ペパーズ（Don Peppers）とマーシャ・ロジャーズ（Martha Rogers）が書いた *The One to One Future: Building Relationships One Customer at a Time*（邦訳：『ONE to ONE マーケティング　顧客リレーションシップ戦略』ダイヤモンド社）によって普及しました。インターネットが今のように普及する以前に書かれた本ですが、先見の明があったとしかいいようがありません。

One to One マーケティングは、それぞれの顧客のニーズに合わせて個別展開されるマーケティングのことを指します。それゆえ、パーソナライゼーション（個別化・カスタマイズ）と同義にとらえられることがありますが、何もデジタルの施策に限った話ではなく、アナログな時代から、似たようなことは行われていたように思います。例えば気の利いた店員が顧客の過去の購買履歴や趣味嗜好を覚えて

いて、個別に手厚い対応をするというのはよくあることです。ただ、顧客のプロフィールや購買履歴や嗜好といったものが大規模なデータベースに統合され、それに基づいて情報を提示できるようになるためにはデジタル技術が必要だったわけで、いわば、顧客志向のマーケティングが、ITやインターネットの普及によって、より花開いたといえるのではないでしょうか。

　例えば本書の読者にも、Amazonのユーザーは数多くいるでしょう。Amazonの場合は、過去の購買履歴や「ほしい物リスト（Wishlist）」のみならず、同じ本を買った人が他に買っている本など、複数の情報を変数としてあなたに本をオススメしてきます。この「オススメ」を実現しているのが"リコメンデーションエンジン"と呼ばれるものです。これもインターネットが普及した結果実現しているマーケティングテクノロジーですが、時代とともに着実に進化を遂げています。

　また、最も初期のものはこのようなものでした。

・AさんはX、書籍XとYとZを購入した
・BさんはX、書籍XとZを購入した
　　　　　　↓
・BさんはAさんと同じような嗜好を持つと仮説づけられるので、書籍YをオススメするX

　このように、単に情報と人とをマッチングさせるのではなく、他の人の情報を参照した上でまた新たな情報を提示する、リコメンデーションエンジンの機能を簡単にいうと

そんな感じになります。

この機能の精度を上げるためには、たくさんの人のデータが必要となりますが、店頭での購買データを個別の消費者のプロフィールと結びつけるのがなかなか難しかったのに対し、インターネットではあらゆる情報がデータベースの中に格納できるので、One to Oneマーケティングやリコメンデーションエンジンと呼ばれる領域が成長しやすかったのでしょう。

ただ、このOne to Oneマーケティングやパーソナライゼーション、リコメンデーションというのを、どういう風に使うのがよいのか、それを考える必要はあります。これらを単に新たなターゲティングツールとして使うのか、それとも相手の役に立つ、相手の満足度を上げるために使うのか。インバウンドマーケティングにおいても、これらのマーケティング手法は使われますが、どうやって使うのかが、少し違うのです。これもあとで述べることになるので、今はこのマーケティングコンセプトの歴史めぐりを進めましょう。

：それは人々の生活を邪魔してないか？ ——パーミッションマーケティング

「パーミッションマーケティング（Permission Marketing）」は、インバウンドマーケティングを理解する上で、いや、変わりつつあるマーケティングを理解する上で、最も重要なマーケティングコンセプトだと思います。このコンセプトは、米国Yahoo!の副社長を務めたセス・ゴーディン（Seth Godin）という、米国一有名なカリスママーケター

が産み出したもので、1999年に同名の著書を出版しています。ちなみに「バイラルマーケティング」という概念も、もともとは彼の著書 *Unleashing The Ideavirus*（邦題『バイラルマーケティング』翔泳社）が広げたものです。

さて、パーミションマーケティングですが、これは相手の「パーミション（同意・承認）」を得てマーケティングを行おうという姿勢のことを指します。事前承認を得た消費者・顧客に対してのみマーケティング活動を行うことで、結果として、自社の製品やサービスに対して興味関心がない人々にまで情報を送ってしまうという無駄が省け、かつ「情報を送ってきてもいいよ」と言ってくれた、自社に好意的な人々を相手にするので、高いレスポンス率が期待できるなど、マーケティングの効果が高くなります。押し付けがましく振る舞って嫌われる心配もありません。

パーミションマーケティングは、消費者・顧客と長期的な関係性が得られる概念として注目されました。パーミションマーケティングの具体的かつ一般的な手法としては「オプトインメール」というものがあります。何かのサービスに申し込むときに、メールアドレスの登録が求められることはよくありますが、その際、興味関心のある事柄を聞かれたりして、登録アドレス宛てに「今後情報を送っていいですか？」と許諾を求められることがありますよね。それに対して「イエス」と選択することを「オプトイン」といいます。一方、購読していたメールマガジンなどを退会することを「オプトアウト」と呼びます。つまり「オプトイン」状態というのはパーミション（同意）を得ているということです。

これらパーミションマーケティングに対して、セス・ゴ

■■ Chapter 2 マーケティングコンセプトの過去・現在・未来

ーディンは従来型のマーケティングのことを皮肉交じりに「interruption marketing」と呼びます。つまり、今までのマーケティングは人々の生活の邪魔をするマーケティングだと言い放ったわけです（セス・ゴーディンの著書 Permission Marketing には2つの邦訳が出ていますが、最初の邦訳時には *interruption marketing* は"土足マーケティング"と訳され、人々の生活に土足でドカドカと入り込むようなものだと表現されていました）。セスのこの考え方は、ドン・ペパーズの『One to One マーケティング』をより発展させたものともいえます。実際、ドン自身もこの『パーミションマーケティング』に序文を寄せています。

両者は「中長期的なマーケティング」であること、「結果の計測」を重視することなどの共通点がありますが、パーミションマーケティングにおいてはさらに、「相手の同意を得ること」、また消費者・顧客側が「反応を返せること」が強調されます。コミュニケーションが長く続くにつ

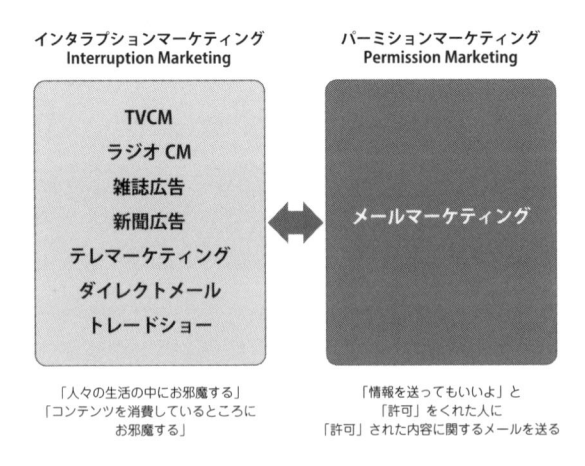

インタラプションマーケティング Interruption Marketing	パーミションマーケティング Permission Marketing
TVCM ラジオCM 雑誌広告 新聞広告 テレマーケティング ダイレクトメール トレードショー	メールマーケティング
「人々の生活の中にお邪魔する」 「コンテンツを消費しているところにお邪魔する」	「情報を送ってもいいよ」と 「許可」をくれた人に 「許可」された内容に関するメールを送る

パーミションマーケティングとインタラプションマーケティング

れ、届けるべきメッセージも変わってくる、そしてますます企業と消費者・顧客との関係が深化する。このように考え、One to Oneマーケティングの概念をより進化させていったのです。

　ただ、パーミションマーケティングにも課題がありました。その最も大きなものが「どうやって相手の同意を得るか」ということです。セス・ゴーディンはのちに *Free Prize Inside!*（邦訳『オマケつき！マーケティング』ダイヤモンド社）という本を出すことになりますが、パーミションマーケティングにおいては、情報を送る「同意を得る」手段として、何らかの懸賞やオマケをつけるということが一般的になっていきます。ところが、こうした方法には重大な欠点があります。確かにオマケと引き換えにメールアドレスと付帯情報を手に入れて、「同意」の上で情報を送ることはできるようになりますが、オマケ目当てで許諾をくれた人たちが、施策を実施しているブランドや商品、サービス自体にも興味があるとは限りません。

　インバウンドマーケティングにおいても「リード（見込み客）を獲得する」という行為は、実質的には対象となる人々のメールアドレスとプロフィールを手に入れることになります。そこは基本的にパーミションマーケティングの手法と変わらないし、むしろその考え方を踏襲していると言えます。ただし、インバウンドマーケティングでは、懸賞やオマケではなく、"役に立つコンテンツ"を提供し、それと引き換えにプロフィールなどの情報を得ることを目指します。ユーザーが求める価値が提供されるコンテンツ自体にあるので、マーケティング価値のないオマケ目当ての即物的な"パーミション"を集めることはありません。

このことについてはまたのちほどお話しします。

先に述べましたAdWords同様に、パーミションマーケティングもまた、消費者・顧客を優先し、そうした人々からのフィードバックを重視した考え方であるということがおわかりいただけますでしょうか。AdWordsは検索結果上の広告において、パーミションマーケティングは主にメールマガジンで実践されているというように、手法は違うものの、マーケターや代理店側のみが情報をコントロールする主導権を持っていた従来の広告やマーケティングに対し、ユーザー側にも情報をコントロールさせるようになったという点で、同じような考え方に基づいていると考えられるのです。

人々と直接つながれる時代に、マーケティングとPRは何をすべきか？

ボストン在住のマーケティング戦略家、デビッド・ミーアマン・スコット（David Meerman Scott）がHubSpotのCEOであるブライアン・ハリガンと共著で出版した *Marketing Lessons from the Grateful Dead* は、日本でも糸井重里さんが監修者になって『グレイトフル・デッドにマーケティングを学ぶ』（日経BP社）というタイトルで発売され、話題になりました。このデビッド・ミーアマン・スコットが2006年に書いた *The New Rules of Marketing & PR*（邦訳『マーケティングとPRの実践ネット戦略』日経BP社）は、当時米国のマーケティング書カテゴリーでベストセラーになった本です。米国では現在4回目の改訂がされたバージョンが売られるなど、今なお読み継がれ

ているロングセラーでもあります。

　この本においてデビッドは、「人々と直接つながれる時代に、いつまで他人のチカラを借りているんだ？　直接人々とつながるために何をするかを考えよう！」と主張しています。

　例えば、ソーシャルメディア、動画、スマホやタブレットのアプリ、ブログ、ニュースリリース、バイラルマーケティングなど、インターネットが普及した結果、企業はさまざまなチャネルを通じて見込み客と「直接（directly）」つながることができるわけです。

　原題にある"The New Rules"、つまりマーケティングとPRにおける新しいルールとは、そうした時代認識を踏まえたまったく違うゲームとしてのマーケティングのやり方を唱えたものにほかなりません。デビッドは言います。

「これまでは人々に知ってもらうためには次のような方法があった。高価な広告枠を買う（buy）、主要なメディアに自分たちに関する話を伝えて流してもらおうと頼む(beg)、あるいは何人もの営業スタッフを雇って自分たちの商品のことを一人ひとりにうるさく話しかける（bug）の３つの方法だ。しかし今、我々にはもっといい選択肢がある。興味を持たせることができるようなコンテンツをウェブ上に発行する。そのコンテンツというのはあなたのお客さんが消費したいと思うようなもののことである。

　マーケティングとPR活動におけるツールというのは変わった。これまでオフラインの世界で有効だったスキル━ビジネス機会を得るために、広告枠を買ったり（buy）、メディアに頭を下げたり(beg)、うるさく話しかけたり(bug)

するようなことをするためのスキルというのは、人々の生活の邪魔（Interruption）をしたり、無理強い（Coercion）するためのスキルなのだ。オンラインでの（マーケティングやPRの）成功というものは、ジャーナリストや思想的なリーダー（Thought leader）が考えるようにすることで得られる」（*The New Rules of Marketing & PR: 4th ed.*）

　彼の主張は、"Buy, beg or bug their way in" 即ち見込み客とつながるための道筋を買ったり、商品のことを小うるさく言う人に頭を下げたり、営業マンにコミッションを払ったりして、利益を削るようなことをやめようというものです。その代わりに、人々に役立つ情報をブログなどで出したり、媒体向けに準備する"プレスリリース"ではなく、自分たちのお客さんに直接読んでもらえる"ニュースリリース"を出そうという考え方です。

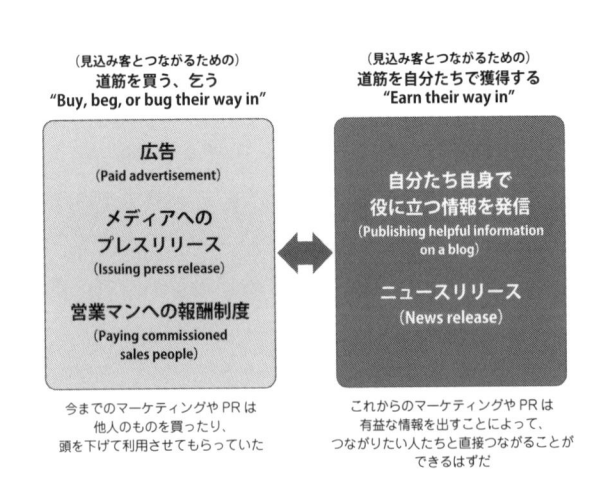

（見込み客とつながるための） 道筋を買う、乞う "Buy, beg, or bug their way in"	（見込み客とつながるための） 道筋を自分たちで獲得する "Earn their way in"
広告 (Paid advertisement) メディアへの プレスリリース (Issuing press release) 営業マンへの報酬制度 (Paying commissioned sales people)	自分たち自身で 役に立つ情報を発信 (Publishing helpful information on a blog) ニュースリリース (News release)
今までのマーケティングやPRは 他人のものを買ったり、 頭を下げて利用させてもらっていた	これからのマーケティングやPRは 有益な情報を出すことによって、 つながりたい人たちと直接つながることが できるはずだ

デビッド・ミーアマン・スコットの主張

INBOUND2012で講演したデビッド・ミーアマン・スコットは"ON THE WEB, YOU ARE WHAT YOU PUBLISH"（ネットではあなたが発行したものがあなた自身となる）と語りました。Googleが提唱した「ZMOT」で表されたように、人々と企業・商品・サービスとの出会いのタイミングがネット上で起こっているのであれば、まさにネット上に設置されたコンテンツこそが、ファーストコンタクトになるわけです。その印象がいいのか悪いのか、あるいはその情報が役に立ったのか役に立たなかったのかは大変重要です。ネット上のコンテンツは、お客さんから見れば企業自身であり、あなた自身となるわけです。

　また、英国の社会学者、デビッド・ゴウントレット（David Gauntlett）は2011年に出版した *The Making is Connecting* の中で、インターネット、特にソーシャルメディアが普及した世界において何かを作るということは、そのまま（他の人やモノ・コトと）つながることであると述べました。

　実際、ブログに記事を書かなければ検索で見つかることもないでしょうし、TwitterやFacebookでも、投稿をちゃんとしなければファンが増えることはありません。YouTubeに動画をアップロードしなければ、他の動画の「関連動画」となって見つけられることもないでしょうし、このことはSlideShareなど、他のコンテンツ共有プラットフォームについても同様に言えるでしょう。つまり、作ることが産むのは、人と人のつながり、コンテンツとコンテンツのつながりなのです。もし、コンテンツを準備しなかったとすると、こうしたつながりの中に入っていくことができませんし、あるいは検索などで発見されるという機

会を得ることもできなくなってしまいます。

　もちろん、だからといって、何でもいいからただコンテンツを作ればいいというものではありません。そのコンテンツが企業からの一方的な商品情報であったとしたら、それはきっと好かれないでしょう。そうならないために、ジャーナリストや思想的なリーダーという視点に立って、コンテンツを制作し、ネット上に公開していく必要があるのです。

：アウトバウンドなマーケティングからの脱却

　The New Rules of Marketing & PR が出たのと同じ年、2006年に生まれたのが、インバウンドマーケティングを提唱し、統合型のマーケティングソフトウェアを開発販売する HubSpot,Inc. です。共同創業者であるブライアン・ハリガンとダーメッシュ・シャーが著書 *Inbound Marketing* を出版したのは2009年のことですが、2人の提唱する概念を"inbound marketing"という言葉にまとめたのは2005年だと言われています（その後、デビッド・ミーアマン・スコットは、HubSpot, Inc.に役員として参加）。

　すでに述べたようにインバウンドマーケティングでは、"Get Found（見つけられる）"という言葉がよく使われるので、「結局SEOのことだろう」とか「面白いコンテンツを作ってサイトに集客を行うことだな」と単純に思われがちです。もちろんそういったものも含まれてはくるのですが、それぞれは「インバウンドマーケティング」のごく一部にすぎないのです。

　インバウンドマーケティングは "Get Found, Get

Leads"、つまり、人々に見つけてもらい、彼らに見込み客になってもらうためのマーケティング活動のことを指します。これまでの押しの強い、自分たちが出て行くようなやり方である「アウトバウンドマーケティング」と違い、見込み客のほうからこちらに好んで来てもらえるようなやり方を取ろうという姿勢が基本になっているわけです。

　これまでのマーケティングは、あっちを向いているお客さんにこっちを向いてもらうように仕掛けたり、あるいは、あっちを向いているお客さんの顔の前にいきなり顔を出すようなやり方をしていたわけです。これが「アウトバウンドマーケティング」。従来型のマス広告や電話営業、従来型のDMはこれにあたります。こっちを振り向いてもらえないのだから、振り向かせるためによりいっそう大声を出したり、相手の視界に割って入るしかないと考える人もいるかもしれませんが、それが相手に嫌われる可能性のある営みであるのは、前章で説明したとおりです。

　一方で、あらゆる人が毎日何かの情報を調べているという状況があり、1日に1度も検索をしないという人はほとんどいないだろうと思われます。人々が調べている内容は、商品の情報そのものズバリということもあるかもしれませんが、仕事上や個人の悩みや課題の解決法を調べていたり、自分の趣味や関心事を深めるために調べ事をしているだけという可能性もあります。こうした人々が探している情報が、もし自分たちのビジネスに少なからず関連するものであれば、きっとそのとき、その人たちの顔はこちら側を向いてることになります。そして、検索やソーシャルメディアを通じて、一歩一歩、向こうからこちらに近づいてくる可能性があります。そのときにそれらの人々に対して有益

な情報を提供していれば、ますますこちらに興味を持ってくれる可能性が広がります。

　あちらに向かって遠ざかっていくお客さんを追いかけていって、目の前に飛び出して自社のパンフレットを手渡したとして、お客さんはあなたの会社に興味を持ってくれるでしょうか。ただ興味のない情報を強引に渡されても、意味がないばかりか、不愉快に思われる可能性さえ大いにあります。

　もちろん、いくら興味を持ってもらえそうな、あるいはお客さんの課題を解決してもらえそうなコンテンツを提供していても、それだけでは、検索で見つからない可能性もあるでしょう。そこで、SEOなどの手段を施し、コンテンツを見つけてもらえるようにするわけです。また、もしお客さんがサイトを途中で離れてしまえば、のちのコミュニケーションを取ることができません。そのため、インバウンドマーケティングでは必ずといっていいほど「ランディングページ」を準備し、そこでダウンロード可能なコンテンツ（PDFなど）や無料30分コンサルティングの権利といったものが提供されます。これらを提供する代わりに、個人のプロフィール情報を入手することで、のちの「リードマネージメント」即ち見込み客管理につながることになります。また、インバウンドマーケティングを通じて出会うことになる見込み客は、それぞれ自分たちに興味がある内容（例えばブログ記事など）をきっかけに、サイトを訪れることになるので、非常に質の高い見込み客リストが作られるようになるのです。

　ここまでが"Get Found, Get Leads（見つけられて見込み客を得るまで）"の流れですが、実際には、見込み客が

実際に契約してくれるビジネス機会を得るためにメールを送ることまでも、インバウンドマーケティングの中に含まれます。ただし、定期的に一方通行の情報を送るだけでは、従来型のアウトバウンドマーケティングと変わりません。インバウンドマーケティングの視点では、メール１つをとっても、相手の興味に合わせた内容を提供するためのツールでなければいけません。押しの強いメールを送ることは絶対にせず、相手から連絡が来るようにするのがポイントとなります。つまり、メールという手段を使う場合も、相手の興味関心やタイミングに合わせてメールが送れるように努め、結果として先方から問い合わせが入り、顧客になるまでがプロセスが進むようにする。メールにおいても「あちらからこちらへ」と来てくれるように仕掛けていくのが、インバウンドマーケティングなのです。

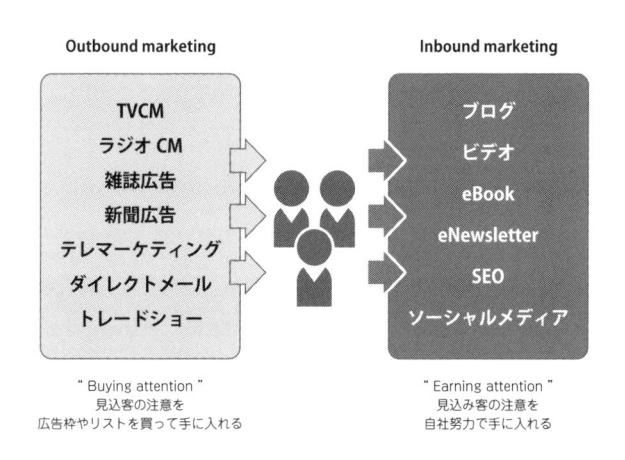

Outbound marketing
- TVCM
- ラジオCM
- 雑誌広告
- 新聞広告
- テレマーケティング
- ダイレクトメール
- トレードショー

"Buying attention"
見込客の注意を
広告枠やリストを買って手に入れる

Inbound marketing
- ブログ
- ビデオ
- eBook
- eNewsletter
- SEO
- ソーシャルメディア

"Earning attention"
見込み客の注意を
自社努力で手に入れる

インバウンドマーケティングは、人々に対するアプローチの仕方を変える

COLUMN 2

HubSpotって何？
「すべてが１つのプラットフォームに」

　HubSpotのパートナーとして、いろいろと質問されることは多いのですが、代表的なものに「HubSpotは他のツールと何が違うの？」というものがあります。

　答えとしては、「そもそも競合となるものがありません」になります。

　よく「HubSpotはリードナーチャリング（見込み客の育成）とか、マーケティングオートメーションのツールでしょう？」とか、「SEOとかブログとかコンテンツマーケティングのツールだよね？」と言われる方がいらっしゃいますが、それはHubSpotのある部分しかご覧になっていないのでしょう。

　SEOツール、ブログ運営ツール、CMS（コンテンツ管理システム）、ランディングページ制作管理システム、ソーシャルメディアマーケティングツール、メール作成・配信システム、見込み客管理システム、各種分析ツールなどが１つのプラットフォーム上で統合して使えるのがHubSpotの特徴です。

　マーケターの方であれば、それぞれのツールは確かに個別に存在していたものの、業者もバラバラ、レポートもバラバラで、打ち合わせにも分析にも時間を取られて、マーケティングのアイデアに使うべき時間を削がれているよう

な経験をしたことはあるのではないでしょうか。そこから解放され、頭と時間を本来使うべき方向に持っていって生産性を上げてくれる統合マーケティングツール、それがHubSpotなのです。

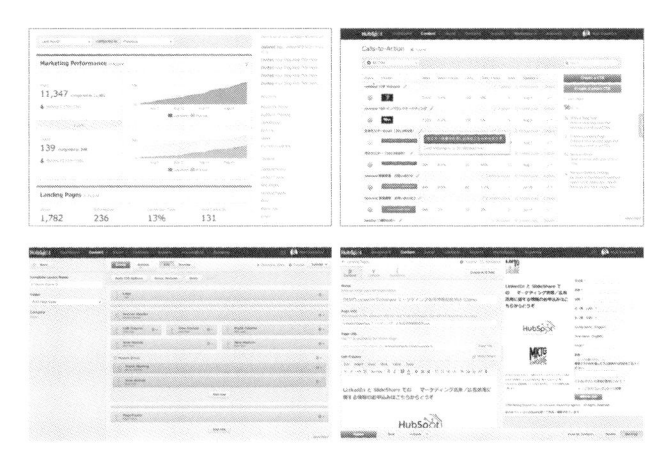

HubSpotは、SEO支援、コンテンツ管理、コンテンツ作成支援、マーケティング効果の総合分析など、マーケターに必要なさまざまな機能を網羅している

　統合化されているメリットはマーケターサイドのものだけではありません。見込み客や顧客もその恩恵を受けることが可能になります。2013年8月に発表されたHubSpotのCMSは"COS: Content Optimization System"と呼ばれ、見込み客や顧客のプロフィールや過去の行動データに基づき、最適なコンテンツをサイト内で表示できるようになりました。例えば、すでに"A"というeBookをダウンロードしている人であれば、サイトを再来訪したときにまた"A"へのリンクを表示するのではなく、関連する"B"というコンテンツを紹介する、といったことが可能なのです。

HubSpot側は、"Amazonのような"という言い方をすることもありますが、見込み客・顧客のデータベースとCMSを連携させるからこそできる、個々人に対して最適なコンテンツをタイミングよく配信することも可能になっています。また、サイト内コンテンツのみならず、メールなども含めて、パーソナライズしたコンテンツ配信ができるというのは、見込み客や顧客にとっても、邪魔になる情報を受け取ることが減るので朗報でしょう。HubSpotがどんなものか、イメージをつかむために、ぜひ下記の映像をご覧になってみてください。

——1つ忘れていました。HubSpotに特にできないことがあります。それは「広告を配信する」という機能です。むしろHubSpotに搭載されることは将来的にも考えられないでしょうが……。

What is HubSpot?
http://www.youtube.com/watch?v=evL5jaZx8vk

HubSpot Marketing Software -An Overview
http://www.youtube.com/watch?v=VsbDEPzQVdk

HubSpot Content Optimization System
http://www.youtube.com/watch?v=OZgYQMBqzc4

インバウンド
マーケティング
CHAPTER 3

インバウンド
マーケティングの方法論

ここからはHubSpot,Inc.がこれまでに出してきたさまざまな論考をもとに、インバウンドマーケティングの方法論について、一通りの体系を説明したいと思っています。実はHubSpot自身の説明も、2012年の後半ぐらいから、それまでと変化してきています。インバウンドマーケティングの概念それ自体の進化を踏まえつつ、ここで、この新しいマーケティングのメソドロジーについて理解を深めましょう。

購買に至るステージ

もともとは HubSpot は、消費者が見込み客に変わり、購買に至って顧客化するまでの購買のステージをファネル（じょうご）に見立て、「ToFu: Top of Funnel」「MoFu: Middle of Funnel」「BoFu:Bottom of Funnel」の3段階で説明をしていました。

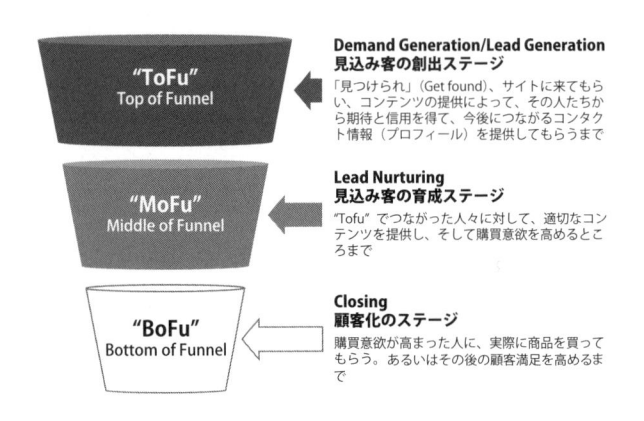

"ToFu" Top of Funnel
Demand Generation/Lead Generation
見込み客の創出ステージ
「見つけられ」（Get found）、サイトに来てもらい、コンテンツの提供によって、その人たちから期待と信用を得て、今後につながるコンタクト情報（プロフィール）を提供してもらうまで

"MoFu" Middle of Funnel
Lead Nurturing
見込み客の育成ステージ
"Tofu"でつながった人々に対して、適切なコンテンツを提供し、そして購買意欲を高めるところまで

"BoFu" Bottom of Funnel
Closing
顧客化のステージ
購買意欲が高まった人に、実際に商品を買ってもらう。あるいはその後の顧客満足を高めるまで

3つの購買ステージ

一番上の「ToFu」は、潜在顧客を、検索結果やソーシャルメディアを通じてサイトに呼び寄せ、各種資料をPDF化した「eBook」と呼ばれるダウンロードコンテンツなどを提供して代わりにプロフィール情報を登録してもらい見込み客化するというステージです。インバウンドマーケティングといえば「Get Found（見つけられる）」というキーワードがよく知られていますが、それにあたるのが、この第一のステージとなります。

次の「MoFu」は、「見込み客（Leads）」即ち第一のス

テージである「Tofu」でメールアドレスなどを登録してくれた人々に対して、自社や自社の商品により関心を持ってもらえるように働きかける段階です。サイトを訪れてくれた見込み客をより「質の高い見込み客（Marketing Qualified Lead）」に育成するステージだともいえます。ここでいう"質の高さ"とは、商品やサービスに対する知識や興味関心の度合い、購買意欲の高さなどとして考えられ、それらを高めるために、メールマーケティングなど、個々のニーズにカスタマイズされたコンテンツ提供活動を行うことが、この「MoFu」ステージにおける活動となります。

　そして最後の「BoFu」は、購買意欲の高まった人を「顧客（Customer）」化するステージとなります。「MoFu」で質の高い見込み客となった人が、「一度打ち合わせをしたい」「商品・サービスについて話を聞きたい」とアクションを起こして、実際に契約（クロージング）に到達するまでを指します。

　この中で、インバウンドマーケティングの活動として考えられているのは、「ToFu」と「MoFu」の２段階で、「BoFu」に至っては、営業活動と考えられてました。ツールも、前二者はHubSpotのようなマーケティングツールを使うことが想定されていたのに対して、BoFuではSalesforce.comに代表されるような、SFA（Sales Force Automation）と呼ばれる営業管理ツールの利用が想定されていました。しかし、2012年の後半くらいになって、HubSpotは次のような図を「Inbound Marketing Methodology」として提示し始めます。

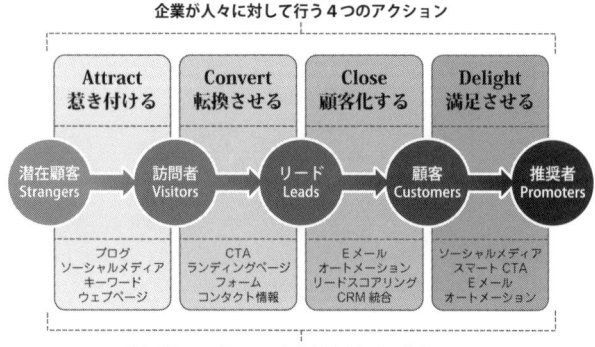

■■ Chapter 3　インバウンドマーケティングの方法論

```
                企業が人々に対して行う4つのアクション
        ┌─────────────────────────────────────────────┐
        Attract     Convert      Close       Delight
       惹き付ける   転換させる   顧客化する   満足させる

        潜在顧客    訪問者       リード       顧客        推奨者
        Strangers   Visitors    Leads     Customers   Promoters

        ブログ      CTA         Eメール     ソーシャルメディア
      ソーシャルメディア ランディングページ オートメーション  スマートCTA
       キーワード   フォーム    リードスコアリング Eメール
       ウェブページ コンタクト情報  CRM統合    オートメーション
        └─────────────────────────────────────────────┘
           それぞれのアクションを実行するために使うツール
```

Inbound Marketing Methodology

今では3段階のファネルではなく、上記のように大きく4つのステージと5つの顧客段階でインバウンドマーケティングを説明しており、それぞれのステージでどのようなツールを使っていくのかが、よりはっきりとしてきました。

：インバウンドマーケティングのメソドロジー

HubSpotがリリースした2013 State of Inbound Marketing Reportにおいて、インバウンドマーケティングは次のようなものであると語られています。

「インバウンドマーケティングはホリスティック（holistic＝総合的）で、データを重視する（data-driven）な戦略です。パーソナライズされた適切な情報・コンテンツの提供を通じて、サイト訪問者を惹き付け、顧客へと育成していく一連の流れが含まれます。

これまでに行われてきた、人々の邪魔をするようなメッ

セージ（interruptive message）を送るようなことはしません。

また、一連の活動に続き、継続するセールス活動までも含みます」

インバウンドマーケティングは単に1つの手法のことを指すわけではありません。複数の戦術（tactics）を組み合わせた戦略（strategy）そのものなのです。だから使われるツールも多岐にわたり、ホリスティックです。つまりは、インバウンドマーケティングを理解することは、ただ顧客化のプロセスを理解するだけでなく、オンラインマーケティングを総合的に理解することにもなります。

それでは段階ごとに「Inbound Marketing Methodology」の中身を説明していきましょう。

▪ Attract: 来訪者を惹き付ける

「惹き付ける」といっても、従来のアウトバウンドなマーケティングのように、あっちを向いている人の前にいきなり現れて、強引にこちらへ振り向かせるということではありません。

従来のマーケティング活動はそもそもいろいろな方向を向いている人をすべてこちらに向いてもらえるものと、無意識に考えてしまっていたのかもしれません。しかし、繰り返すように、人々の情報行動が変わり、今では、あなた自身が行っているビジネスのほうに顔を向け、そして向かってきてくれる人が必ずいるのです。

例えば、なんとなく自動車が欲しくなったときには、自動車の関連サイトなどを見ることがあるでしょう。実際に

買う決心はつかないかもしれないし、現在の車が車検までまだ何カ月も残っているかもしれません。それでも、なんとなく検索をし、何となく関連サイトを見ている中で、もしかすると個別の車種のサイトを見るかもしれません。

あるいは、仕事上で何かテクニカルな課題を抱えている人が、同じような課題を乗り越えた他者の事例や解決策がないかと、専門サイトをのぞいてみたり、思い浮かんだ関連キーワードで検索をすることもあるでしょう。

こうした情報探索活動は、日常的に行われています。あなた自身も1日あたり数回、時には数十回くらい、GoogleやYahoo!を使って何かを検索しているかもしれません。あなたが何かの課題について検索をしているとき、それはあるカテゴリーの情報を調べているのであって、その先に商品・サービスが結びついてくることもあるでしょう。

つまり、何かを調べている人は最初からある方向に顔を向けているのであり、そのカテゴリーに属する商品やサービスの情報に、もしかすると一歩一歩近づいている可能性もあります。

これまでのマーケティングが「人々はあっちを向いている」ということを前提にしていたのに対して、インバウンドマーケティングは「こちらを向いている人がいるはずだ」という前提に基づいていろいろな施策を打ちます。そして、そういう人たちは、将来の顧客になる可能性が高いと考えます。そこで、何かを探している人々から「見つけられる（Get Found）」ために、それらの人にとって「役に立つ（Useful）」コンテンツを提供して"惹き付け"て、サイト来訪を促すのです。

この「Attract（惹き付ける）」段階で使われるのが、ブ

ログ、ソーシャルメディア、キーワード、ウェブサイト、といったツールです。これらのツールは、まだ出会ったこともない人から見つけてもらい、見込み客になってもらうために利用されます。

　ある種のキーワードで検索をしてくる人は、そのキーワードが属するカテゴリーでビジネスをする会社にとって、将来のお客さんである可能性があります。そうなってもらうためには、まずそれらの人にとって役に立ちそうなコンテンツを用意して、検索で見つけてもらわないといけません。そもそもネット上にコンテンツがなければ見つけようがないし、コンテンツがあってもその人たちが検索しているキーワードと関連するものとして仕上がっていなければ、検索結果に出てこないので、見つけてもらえないわけです。

　すでに多くの企業はウェブサイトを持っていますが、あなたの会社のサイトは魅力的なコンテンツを持っているでしょうか？　そしてSEO対策は施されているでしょうか？　商品やサービスに関するキーワードでは検索結果の上位に出現するものの、見込み客が検索しているような、商品・サービスの検討や購買以前のキーワードについて、SEO対策が施されていないケースが多々あるようです。例えば、フィットネスクラブ事業者であれば、「フィットネスクラブ」や「ダイエット」という言葉はSEO対策キーワードとして必ず選ぶでしょうが、「腰痛」や「肩こり」「成人病」といった周辺キーワードまでは手が回らない、ないしはコンバージョンが悪いと敬遠されがちです。しかし、インバウンドマーケティング視点では、こういったキーワードに対して対策をすることも、未来のお客さんと出会うために

重視します。ここまで視点を広げた上で、自社サイトが「見つけてもらえる」仕様になっているかどうかを調べてみましょう。

　ブログもまた、出会ったことのない人に見つけてもらうための有力なツールですが、ここでも、提供されるコンテンツが将来のお客さんにとって役に立つものであることが大前提になります。自社の一方的な情報を垂れ流すだけでも、事業に関係のない社長の日記をつらつらと続けるだけでもいけません。インバウンドマーケティング的な視点でのブログの運用は、あくまで見込み客・将来の顧客候補となる人たちが興味を持ったり、彼らの課題解決になるようなコンテンツを中心に構成しなければいけません。そうしなければ、「惹き付ける」ことにはならないからです。

　ウェブサイトであれブログであれ、検索をしている人に「見つけられる」ためにどういったキーワードを想定するのかは、非常に重要です。「キーワード戦略」を立てて、自社の製品・サービスが属する検索されているであろうキーワードのリストを作り、それらが効果的に含まれたサイトやブログコンテンツを作る必要があります。とはいえ、やたらとキーワードを盛り込んだコンテンツを作ったからといって、今の検索エンジンは拾ってはくれません。やり過ぎればむしろ「これはスパムコンテンツである」と判断され、逆に検索結果に出てくるのが難しくなるでしょう。

　FacebookやTwitterなどのソーシャルメディアについても、インバウンドマーケティングでは、一般的に言われているようなものとは違う使い方をします。

　ソーシャルメディアマーケティング業界ではよく、「ソ

ーシャルメディアは人々とつながる場所であるので、頻繁にシェアされる投稿を繰り返し、"エンゲージメント率"を高めましょう」というようなことが言われます。

　しかし、インバウンドマーケティングの場合は、例えばTwitterならTwitter、FacebookだったらFacebook、LinkedInならLinkedInと、各々のソーシャルメディアだけを取り上げて何かの施策をするというよりも、それらをホリスティック（総合的）に使うことを考えます。特にブログを中心において、ソーシャルメディアを使うケースが多いのですが、それには理由があります。

　概してソーシャルメディアでの投稿はネット上にアーカイブされにくいというデメリットがあります。

　アーカイブされにくいということは、ネット上に置かれた情報として検索結果に出にくいということでもあります。Twitterの場合は、過去に遡って見られるツイートの数は限られていますし、個々のツイートは最大140文字という制限があるので、情報としては文字数が少な過ぎます。Facebookの場合は、ログインしないと見られないコンテンツも多く、せっかくコンテンツを投稿しても、そもそも検索エンジンのクローラー（サイト内の情報を読みにくる、検索エンジンのプログラム）が拾えないという問題が生じます。これはLinkedinも同様です。

　一方で、ソーシャルメディアには、人のネットワークを介した情報の爆発的な拡散力というメリットがあります。また、それぞれのソーシャルメディアのプラットフォームには、Twitterであれば公式アカウントのフォロワー、FacebookやLinkedInであれば企業ページのファン／フォロワーと、長期的に関係性を持つことができる機能が備

わっています。

これらのデメリットを解消し、メリットを生かすためには、ウェブ上にアーカイブ化され、検索結果に表示されやすいブログにコンテンツ資源を集中させ、そのコンテンツの在り処と更新情報を知らせるためにソーシャルメディアを使うことが、インバウンドマーケティング的には最も効果的な使い方といえます。

それゆえ、ブログ用にコンテンツを作った場合、それぞれのソーシャルメディアプラットフォームに最適化された要約コンテンツも同時に作ります。もし、ソーシャルメディア向けに作ったコンテンツが拡散されることがあれば、社名や商品の認知度がアップするだけでなく、サイトへの新たなトラフィック、つまり新規の見込み客と出会う機会が作れるでしょう。

▪ Convert: 見込み客への転換

サイト来訪者をそのまま帰してしまうのではなく、その後も関係を維持することができるよう、メールアドレスやプロフィールなどのコンタクト情報をもらえるようにし、見込み客（Leads）としてリストを築き上げていく段階がこの「Convert」です。

あることに興味関心を持って訪れた人というのは、非常に大事な未来のお客さん候補です。この「Convert」というステージは、今後のマーケティング資産を作る上で、非常に重要で、ここに力を入れることによって、これまでのマーケティング活動を大きく変革することができます。

インバウンドマーケティングという活動を通じて企業が得られる2大マーケティング資産は、「コンテンツ」と「見

込み客リスト」にあります。それぞれへの態度と価値についてはこちらに簡単に書きましたので、参考にしていただければと思います。

・ コンテンツ ・

○コンテンツを提供し続け、検索結果などで表示され、未来の顧客と出会う機会を作る

○今日作ったコンテンツが３年先の見込み客になる可能性もある

○大事なのは、見つけられ、読まれた結果、役に立つようなコンテンツ。そうしたコンテンツはソーシャルメディアで共有されたり、他のブログで紹介されたりする

○ネット上に残る、大きなマーケティング資産として考える。短期的なトラフィックのためだけに作らないこと

・ 見込み客リスト ・

○ビジネスに直結する資産。長きにわたって関係性を作ることができるもの

○質の悪いものを徐々に質を上げていくのではなく、最初から質の高い見込み客リストを作ることを目指す

○相手は「人」。肩書も考えていることも購買ステージも変化する。それを把握した、常にリフレッシュされたプロフィール情報に基づくリストにする

○こちらからのアプローチは情報の提供。営業の押し付けになって、リストから外さなければいけない事態にならないよう気をつける

インバウンドマーケティングで得られる２大資産

私が代表を務めるマーケティングエンジンは、日本で初めてのインバウンドマーケティング・エージェンシーとして活動しているので、インバウンドマーケティングで現状の課題を解決したいと考えて駆け込み寺的に訪れてこられるお客さんがたくさんいらっしゃいます。業種は多様なのですが、マーケティング課題は各社似ており、とりわけ多いのが、

・検索連動型広告の効果が落ちてきたと感じている
・これまでの"リードナーチャリング"施策に限界を感じており、他にもっと質のいい見込み客を獲得する方法はないのか探している

というものです。これは、インバウンドマーケティング導

入の２大理由となっています。

　まずケース１について考えてみましょう。このケースでよくうかがうのが「ブランドや商品に関するキーワードはまだ効果があるのだけれど、それ以外のキーワードでの効果が落ちてきているような気がする」という話です。これらの課題は、検索連動型広告に関する個々の運用改善で解決することも可能な気がします。しかし弊社に問い合わせてくるようなお客さんの場合は、すでにそういった部分で相当チューニングをして、やれることはやり尽くした上で上記のような話をされていることが多いので、もはや単純に「検索連動型広告における課題」とは考えにくく、むしろ「検索をしている人に対するマーケティングの課題」ととらえたほうが間違いがありません。
「ブランドや商品に関するキーワードで検索してくるお客さんは、もう指名買いのステージに入ってるから、検索連動型広告経由でもまだまだいける。一方で、（ビッグワードでもロングテール系のキーワードでも）それ以外のキーワードで表示された広告のクリック率が落ちているか、もしくはこれ以上あがらない。クリックされたとしてもコンバージョンに至る率が落ちている」。検索連動型広告の効果が落ちていると悩むお客さんからは、共通してこのような話が出てきます。

　この状況をどう考えるかですが、１つには、いわゆる「広告そのものへの飽き」というものがあるのではないかという仮説を、私は持っています。

　例えばGoogleという企業においては、広告のクリック率を高めるために、文字のフォントサイズを変えたり、広告テキストの長さ・色を変えたり、広告の背景色を変えた

り、さまざまなチューニングがエンジニアたちによって日々行われています。しかし、もともとのGoogle AdWordsの思想が「広告も他の情報と同じく、有益な情報として機能するようにする」というものであったのに対し、これらの広告のチューニングは、「いかに広告を見られるようにするか」という方向に向かっています。その結果、検索ユーザーは、ある種の広告麻痺状態になっているのではないかと推測されるのです。

　例えば、「ヒートマップ」と呼ばれる、パソコンのモニター上のどこを見ているのかを調べる手法があります。これを使って検索連動型広告が表示されている箇所を調べると、非常に"よく"見ているという結果が出るのですが、そこで示されているのは「視線がそちらに行く頻度が多い」ということだけであって、実は意識されていない可能性も大いにあるわけです。つまり、検索連動型広告もまた、テレビCMをはじめとする他の広告と同じように、「見えているけど見られていない」という現象が起きているのではないかということです。

　また、多くの検索ユーザーが、「検索連動型広告は、クリックした先にまた広告がある」ということに気づきだしているのではないかということも考えられます。もともとGoogleの志向としてはそうではなかったものの、十数年の検索連動型広告の歴史の中で、「検索しているユーザーは購買に近いユーザー」という"間違った"認識が広がったせいで、広告の先に用意されるのが、すぐに資料請求やショッピングカートに行くことを促す、やたらと縦長の「ランディングページ」ばかりとなってしまったのです（インバウンドマーケティングにおける「ランディングページ」

はこうしたものとは違う使い方をするのですが、それは後述いたします）。

　みなさんにも考えていただきたいのですが、何かを買うため、あるいは何かを資料請求するために検索をするということは、日々行っている検索の中でどのくらいの割合を占めるでしょうか。実際のところ、とんでもなく少ないはずです。「検索」という行為は、購買行動の一環として行われているとは限らないのに、検索エンジンマーケティングを行っているマーケターや代理店の人々は、なぜかそのようなものとしてとらえてしまっているのです。実際は、自分たちだって「情報探索活動」の一環として検索エンジンを使っているはずなのに。

　私がGoogleに在籍していた際に、とある広告代理店の方々とクライアント企業へと出かけることがありました。その企業は、とある有名な英会話教室でしたが、広告代理店側とクライアント側でされていた話が、「いかにクリック率を上げ、コンバージョン率を上げるのか」という内容に終始しており、歯がゆい気分になったものです。とりわけコンバージョン率（この場合は資料請求や店頭への予約）についての話については、「めちゃくちゃもったいない」と思いました。例えば、その企業が準備したランディングページがあって、そのコンバージョン率が5％だったと考えてみてください。そのとき繰り広げられていたのは、その5％をいかにして6％にするのか、そのための施策をどうするかという話ばかりでした。なぜか5％のコンバージョンした見込み客の話にしかならず、残りの95％の人が、まったく話題にさえなっていなかったのです。

　広告メディアのプラニングをしていると、「ターゲット

含有率」ということについて考えることがあります。例えば、ある雑誌Aの部数は10万部で狙いたいターゲットの含有率が30％、ある雑誌Bの部数は6万部でターゲット含有率が60％だったとします（現実はもっと複雑ですが説明の便宜上、それぞれの雑誌の閲読率が同じで部数＝リーチとします）。この場合、実質的にはAは3万人へのリーチとなり、一方でBは3万6000人へのリーチとなるので、Aは確かにBよりも部数は多いものの、このケースではBのほうが効果的なメディアとなります。

またテレビCMを流すときにも、ある時間帯におけるターゲット層の含有率の違いを考慮に入れることがあります。同じ5％の視聴率を獲得しているとしても、主婦層が占めている割合が多い時間帯の5％と、複数の層で構成されている時間帯の5％では全然意味が違うわけです（一般的に、昼間は主婦層が多く、深夜帯は若い層が多いといった傾向があります）。

こうした考え方を先のケースのランディングページにあてはめてみましょう。ランディングページの「ターゲット含有率」は何％ぐらいだと考えられるでしょうか。

これについて正答はありませんが、興味感心事をターゲットのセグメントに使うとすると、あるキーワードからランディングページに辿り着いたのであれば、ターゲット含有率は100％に近いと考えられるわけです。なのに、実際のコンバージョンは5％なのです。95％の人はなぜコンバージョンしなかったのか。中には競合他社に行ったということもあるでしょう。でも、ここでは「95％の人にとっては、興味はあるもののまだ資料請求したり、購買したりするタイミングではなかった」と考えてみるのが妥当なので

はないでしょうか？　ここにインバウンドマーケティングが有効な理由があります。

　インバウンドマーケティングは、検索しているユーザーを「すぐに買いそうな人」ではなく、あくまでも「情報を探している人」として考えます。それゆえ、「すぐ買える」「すぐ資料請求ができる」というランディングページを作る代わりに、「情報を探している人」それぞれのニーズに応じたコンテンツを提供します。ひと口に「情報を探している人」といっても、なんとなくあるカテゴリーに興味を持って調べているのか、あるいはもう検討段階に入っていて比較するための情報を探しているのか、その情報探索をしているステージによって"役に立つコンテンツ"が変わってきます。もし先の英会話学校が、「ビジネス英会話」というキーワードで検索した人に向けてランディングページを準備するのであれば、そこに資料請求や体験授業の申し込みだけでなく、例えば「週刊ビジネス英語」といったメールマガジンの登録フォームも用意しておくことで、"今すぐ"の人だけでなく、今後検討してくれるかもしれない「見込み客」とつながるきっかけを作ることができるわけです。当時から私はこのような話を機会あるごとに、検索連動型広告を担当している代理店を含むミーティングで提案し続けてきたわけですが、なかなか実施されません。彼ら代理店の主張は「ランディングページに他への入口が設置されることによって、主目的である資料請求などのコンバージョン率が下がる恐れがある」というものでした。将来資産になる部分に目を向けず、目の前の施策にしか考えがいかないという非常に"サイロ化"した思考であり、マーケティングの役割分断化の悪しき影響が感じられます。

こうした経験も、私をインバウンドマーケティング推進へと駆り立てたものの１つなのですが、実際やってみると、毎回毎回「買ってください」「資料請求してください」とい言い続けるやり方と、とりあえず「役に立つ情報をとるところからお近づきになりませんか」というやり方とでは、その後に蓄積されるまる資産（例えば、見込み客とのコミュニケーション機会の獲得）が違うので、より長期的なマーケティングを考えたとき、利那的なマーケティングよりはるかに大きな効果を得ることができるのは間違いないと、確信しています。結果として、長期的な関係性の中でビジネスが生まれてくるのです。

　あなたがマーケティング担当者で、もし同様に「検索連動型広告の効果が落ちてきた」と考えられることがあれば、単なる「検索連動型広告の見直し・改善」ではなく「検索している人に対するマーケティング全体の見直し」をして、「今すぐ」のお客さんだけでなく、未来のお客さんを見据えた上での施策を構築することをおすすめします。

　つまりこの Convert ステージでは、サイト訪問をしてくれた人に対して、まずは今後も連絡をとることができるようになること、即ち見込み客（Leads）になってもらうためにコンタクト情報を獲得することがゴールとなります。そのためにこのステージで使うツールが「CTA: Calls to Action」「ランディングページ」「プレミアムコンテンツ／オファー」などです。以下、順に説明していきます。

　「CTA」は、Calls to Action、日本語にすれば「行動を喚起するもの」といった意味合いの言葉です。自社のサイト

内にリンクやバナー、ボタンがすでにたくさんあると思いますが、それはサイト来訪者の行動を促すものになっているでしょうか。

「ここからダウンロード」「最新資料を手に入れよう」などという、行動を促すための具体的な言葉が入っているとしたら、それは「CTA」です。それがなかったとしたら、ただの飾りにすぎません。

この「CTA」がなぜ必要かといえば、「ランディングページ」への誘導を行うためです。

先述したように、インバウンドマーケティングにおける「ランディングページ」は、今まで日本のネット広告の世界で言われてきたそれとは違い、より広い役割を持ちます。すでに書いたように、資料請求などの短期のコンバージョンだけでなく「見込み客を獲得する場」として機能するのです。

これまでのランディングページの在り方が「今すぐ」のお客さんを獲得することのみに力を注いできたのに対し、インバウンドマーケティングのランディングページは、「未来」のお客さんまでをも獲得できるように作ります。サイト来訪者を見込み客にするために、その人々に役立つコンテンツをPDF形式でまとめた「eBook」や、ソフトウェアのトライアル利用権、無料コンサルティング、クーポンといったものを配布し、それと引き換えにプロフィール情報を獲得するのです。このとき提供されるこれらのものを「プレミアムコンテンツ／オファー」と呼びます。インバウンドマーケティングにおいては、「ランディングページ」と「プレミアムコンテンツ／オファー」は基本的にセットです。

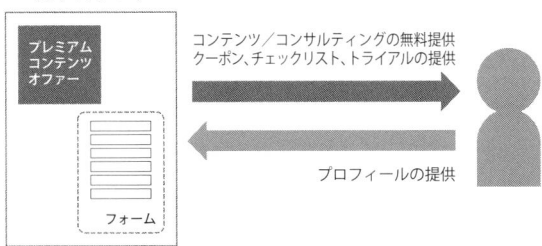

ランディングページは、トレードオフの場所。
プレミアムコンテンツ/オファーは、「プロフィールを提供してもいい」と思ってもらえるようなものである必要がある。

ランディングページの役割

　この「プレミアムコンテンツ/オファー」も、たった1つのコンテンツを用意するだけでなく、見込み客や顧客のステージに合わせた、さまざまなコンテンツを提供するのがよいとされています。

　例えば、弊社の場合ですと、「インバウンドマーケティング」という言葉を知ったばかりの人向けのeBookや、HubSpotの機能に興味がある人向けのeBookなど、複数のコンテンツに対して「ランディングページ」をそれぞれ作成していますが、これも見込み客の興味関心のレベルやステージに合わせているからなのです。このあたりはこのあとの実践編でより詳しくいたします。

　このように「ブログ」や「ウェブサイト」「ソーシャルメディア」を通じて集めたサイト訪問客を「ランディングページ」と「プレミアムコンテンツ/オファー」で見込み客に転換するという手法があるからこそ、インバウンドマーケティングは「質のいい見込み客」を集めることができるのです。なぜなら、一般的に「リードジェネレーション

（見込み客の獲得）」と呼ばれるステージを、人々の興味関心事をもとにしたコンテンツで集客し、見込み客化するということなので、「あちらを向いている見込み客」ではなく、「こちらを向いている見込み客」を得ることができるからです。結果として、次の段階に行われる「リードナーチャリング（見込み客の育成）」も、「あちらを向いている見込み客をこちらに顔を向けさせる」ために行うのではなく、「こちらを向いている人により近づいてもらう」ための活動となります。この点が、従来のアウトバウンドな「あちらを向いている人をこちらに顔を向けさせる」ためのマーケティング活動と違うところです。

インバウンドマーケティングを検討したいという問い合わせをいただく中で、検索連動広告の効果向上と並ぶもう1つの大きな課題が「質のいい見込み客を獲得したい」というものだと述べました。これは主にB2B商材のお客さんが抱えている課題で、新規顧客獲得についてのマーケティングを模索している企業、特にリードナーチャリングに真剣に取り組んできた企業に多い問い合わせです。

リードナーチャリングは、B2Bマーケティングではもともとよく知られた言葉です。主に展示会やセミナーあるいは日々の営業活動で集めた出席者情報や名刺情報をリスト化し、そこからセグメントを行い、DMやメールを使って情報を送り続けて「見込み客を育成する」という手法がとられています。一部のプロダクトマーケティング担当を除いては、B2B企業でマーケティングを担当している方の多くが事実上、セミナーや展示会、リードナーチャリングの担当者であるでしょう。

従来型のB2Bマーケティング、即ちセミナーやイベン

ト、コールドコールとも言われる電話営業などで得られた見込み客リストに基づいたマーケティング活動には大きな課題がありました。それは、もととなる見込み客リストの質が高くなりにくいことです。

　セミナーの場合、自社が提供する商品やサービスに関するトピック中心の構成で集客できる場合にはまだよいのですが、そうでなく、例えば"人寄せパンダ"的に著名人を呼んで集客した場合、聴衆はあくまでもその著名人の話に興味があるのであって、そのあとのセミナーで話される商品に興味があるとは限りません。また、「ビッグデータ時代の○○」といったように、バズワードをふんだんに散りばめたようなタイトルで集客をねらうようなケースも多々ありますが、これも同様に、聴衆はそのトピックに興味があるのであって、それと関係ない（あるいは関係あるように無理やり結びつけられただけの）商品・サービスの話には興味がありません。このような集客をして集めたリストから「リードナーチャリング」を尽くしたとしても、もともとがそれほど自社に興味のない人たちですから、育成には非常に手間と時間がかかります。一度、育成が難しいリストを構築してしまうと、そこから「質の高い見込み客」を育てるのは非常に大変なのです。しかし、そうしたリストでも、せっかく作ったものだからという、いわゆるサンクコストの論

(3-1)
サンクコスト：埋没費用。これまでに投入した資金のうち回収しようがない部分（であるのに、「投資を無駄にしたくない」と、無理に事業を継続し、なお損失を膨らませるケースが実際の経営でもしばしば見受けられる）。

理が働き、それらを捨てることもできずに、相手にとっても無駄でスパム化するような営業メールを送り続け、転換率の悪いマーケティング施策を続けることになってしまうことになるのです。結果として、営業に渡せる見込み客リストも、質の高くないものとなってしまいます。

B2B企業のマーケターは日々、「質の高い見込み客リスト」を作ろうと苦心しています。実際、日本のB2Bマーケティング業界では「リードナーチャリング」の名の下に、セミナーを開催したりして、（質はどうあれ）見込み客を集め、それぞれの見込み客に点数付け（リードスコアリング）をして、質のいい見込み客へと「育成」をしようというサービス（あるいは営業支援という名前で提供されるサービス）が主流になっています。

しかし、これも結局は「アウトバウンド」なマーケティング、即ち、あっちを向いてる人をこっちに向かせるための仕組みなわけです。でも、最初からこっちの方向を向いている人を相手にする仕組みを活用するとしたらどうでしょう。もし、最初から質の高い見込み客リストができる仕組みがあったとしたら、そのあとのリードナーチャリングもリードスコアリングもうまく行って、営業に質のいいビジネスチャンスを渡せるような気がしませんか？

基本的に、B2B企業のマーケティング担当者の役割は、「営業チームに質の高い見込み客リストを渡す」ことにあります。セミナー・展示会やメールマーケティングはあくまでも手段であって、それらの活動の目的は営業へ渡すバトンを準備することです。ところが、多くのB2B企業では、マーケティング担当者と営業担当者の仲が残念ながらよく

ないのが現実です。マーケティング担当者は「こちらが準備した見込み客リストを営業が有効活用してくれないし、フィードバックもくれない」と愚痴を言い、一方、営業担当者は「マーケティングチームが準備するリストの質が悪くて使えない！」と文句を言います。

　もしあなたがB2Bマーケティングの担当者なら、経験があるのではないでしょうか。

　米国で数百の企業の役員を対象に行われた調査でも「営業部門とマーケティング部門は互いのことをよく思っていない」と答えた人の割合が87％だったといいます、あのフィリップ・コトラーでさえ、「営業部門とマーケティング部門の戦争を終わらせよう（Ending the War between Sales and Markeiting）」という論文を2006年に *Harbard Business Review* に書いているくらいですから、両者の仲違いは米国でも深刻な問題なようです。コトラーはこの論文において、営業とマーケターがお客さん側から見た購買

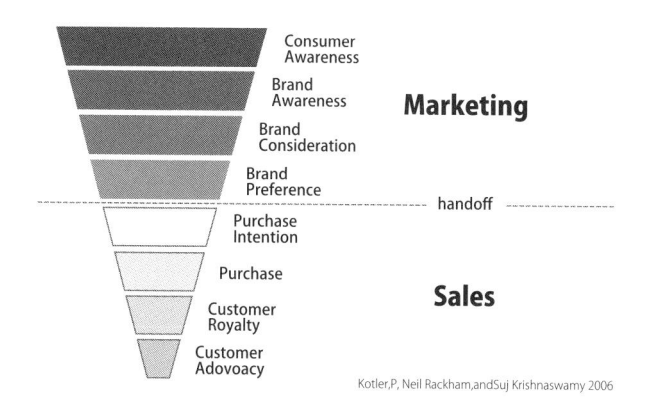

購買ファネルにおけるマーケティングとセールスの役割

ファネル（buying funnel）において結びつき、「マーケティングはより営業活動の一部として関わるべきであって、営業はマーケティング活動においてより大きな役割を演じるべきである」と語っています。

HubSpot,Inc. でも「いかにしてマーケティングと営業の関係をよくし、結びつけるか（How to unify marketing and sales）」と機会あるごとに触れています。同社では営業とマーケティングが融合した新しいカタチとして「Sales + Marketing = SMARKETING」という概念と組織の在り方を提唱し、両者は1つのチームとして、同じメトリクス（尺度、測定法）で仕事をすすめるべきだと言っています。これを実現する答えは1つしかありません。両者が「質の高い見込み客リスト」で結び付けられることです。この部分を営業チームとマーケティングチームが互いに社内で定義付けをし、例えば興味関心が高まっている「MQL（Marketing Qualified Leads）」、営業側がビジネス機会につなげることが可能な見込み客として認め、フォローすることを決めた「SAL（Sales Accepted Leads）」、そして実

顧客化へのステージ

際にビジネス機会につながる「SQL（Sales Qualified Leads）」といったように、見込み客をその段階別に分けるなどして、同じ言葉を使って会話をすることが重要でしょう。そうすることで、どこからどこまでがマーケティングの仕事で、どこからどこまでが営業の仕事なのかが明確になり、両者の風通しがよくなります。

　事実、弊社が担当させていただいているプロジェクトにおいても、インバウンドマーケティングを導入後、マーケティングチームは営業担当から見直され、またマーケティングチームは営業担当とのコミュニケーションが増えたというケースが多々見られます。それはMQLやSAL、SQLという共通言語を再設定するからということもありますが、それより大きいのは、インバウンドマーケティングによってマーケティング側が獲得する見込み客の質が変わるからという事実です。

　従来のやり方では「リードナーチャリング」をスタートしようにも、持っているリストの質がそもそも高くなかったので、当然そこからの育成も難しくならざるを得ませんでした。その点、インバウンドマーケティングであれば、最初からある程度の興味を持った人とつながりを持つことができるというわけです。最初にプロフィール情報をもらう段階で、質が高い見込み客になっているので、ただの名刺情報とは違うのです。

　質の高い見込み客が集まらないのは、リードナーチャリングという「育成の仕方」に何か本質的な問題があるわけではないのです。見込み客を集めてくる方法について、もっといい方法があることに、まだまだ業界全体が気づいていないのです。もちろん、その「もっといい方法」という

のがインバウンドマーケティングそのものなのですが。

そこに気づいたB2Bマーケティング担当者は、より積極的にインバウンドマーケティング的な仕組みを導入し、質の高い見込み客をこれまでより早く営業担当者に渡すことが可能となっています。それは、興味を持っていない人に興味を持たせるというステージをスキップすることができるからです。また、そもそも興味を持っている人を対象にするので、クロージングまでの時間も短くなることが体験できるでしょう。

そのためにも、どのような見込み客をリスト化したいのか、そのためにどういったコンテンツやオファーを準備し、それらを手に入れてもらう場所としてランディングページを作るのかが、戦略上やはり重要であることは、ここで改めて強調しておきたいと思います。

・Close：見込み客を顧客化する

3番目のステージは、Close、つまり契約が決まること、何かを買ってもらうこと、顧客になってもらうことまでのプロセスです。いくら見込み客のリストを多数作ったとしても、何もしなければセールスに結びつくことにはなりません。

ある米国の調査によると、獲得した見込み客の50％は顧客になる適格性（qualified）を持っていると言われてます（*Gleansight - Lead Nurtiring*, Gleanster, 2010）が、いかにこの「顧客適格性」があるからといって、彼らが今すぐ買う態勢（ready-to-buy）にあるわけではありません。見込み客を顧客に変えるには、彼らとの関係性を保って、企業名や商品・サービス名を念頭においてもらえるように

すること、そして、買ってくれそうなタイミングを見逃さないことが重要です。そのためには、先述した「リードナーチャリング」が必要になりますが、ここでは彼らがどこから来たどういうプロフィールの人で、何をダウンロードして、そしてどのくらいサイトを訪れているのかなどの情報に「合った」メッセージを送ることが重要になります。従来のリードナーチャリングが企業の都合に合わせて行われていたのに対し、インバウンドマーケティングにおけるリードナーチャリングは、あくまでも見込み客視点で、見込み客の行動に基づき行います。言い換えれば、インバウンドマーケティングにおけるリードナーチャリングは、見込み客の育成をするというより、見込み客の自己学習を支援するためのものなのです。

　2章でセス・ゴーディンの「パーミッションマーケティング」というコンセプトを挙げましたが、「ランディングページ」でプロフィール情報を提供してもらうときにはメールアドレスを入力してもらい、今後情報を送ることに承諾をしてもらいます。ただし、一度パーミッションをもらったからといって、各々の興味関心に合わない内容のメールを送ってしまうと、それは結局スパムと化してしまいます。従来の「オプトインメール」と呼ばれる手法では、メール受信者のプロフィール（年齢・性別・業種・地域など）と、登録時にチェックをつけてもらった興味関心内容だけに基づいてメールの内容を変更することが、主だったやり方でした。あるいは、それらとは関係なく、企業側が決めたスケジュールに基づき、定期的かつ一方的にメールマガジンが送られるといったこともよくあるでしょう。

　これまでのやり方では、こうした「静的な情報」と「定

期的」なメール配信しかやりようがなかったわけですが、インバウンドマーケティングでは、もう一歩進んだ、より細かい、より相手にパーソナライズされたメッセージの配信を実施することをすすめます。

　パーソナライズといっても、単に宛名に本人の名前を入れるといったことだけでなく、より動的かつタイムリーに、そしてより個人対個人のコミュニケーションとして対応することを目指すのです。

　サイトへの訪問者がランディングページでプロフィール情報を入力してくれたとき、その人がダウンロードしたコンテンツは何でしたか？　もしその人にメールを送るのであれば、「先日は、当社の＊＊＊＊をダウンロードしていただきありがとうございます」という書き出しが使えます。それだけでも、まったく関係ない書き出しから始まるよりも、スムーズにその先を読んでもらえるかもしれません。もちろん、感謝の気持ちを表したところでメールを受け取った相手にとっては、それだけでは情報的価値はないかもしれませんから、内容そのものも、より受け手にとって役に立つものにしましょう。プロフィールだけでなくダウンロードしたコンテンツもわかってるわけですから、それに関連した情報を送るのもいいでしょう。それがその人のさらなる好奇心や興味喚起を促すものであったり、学習につながるような内容であれば、メールを受け取った相手は次に来るメールもきっと開いてくれるはずです。つまり、相手の興味関心に合わせてメッセージを送るということは、その次に送るメールが開封されるか否かにも関わってくるわけです。長期的な関係性を保つためにも、常に前後のストーリー・文脈を考えて、パーソナライズされたメッ

セージの配信を考えることが重要になります。

また、これらのメール配信については、メールが開封されたか、メールの中のリンクがクリックされたのか（即ち、サイトへの再来訪を促したのか）を把握するためにも、HTMLメールでの配信とそれに応じたメール配信システムの準備をおすすめしたいと思います。

メールが開封されたか、リンクがクリックされたのか、というのは、メールの受信者がそのメールの内容にどれくらい興味を持ったのかを把握する非常に重要な指標になります。開封されなかった場合には、そもそも興味のないキーワードの入ったタイトルを送ってしまったのか、あるいはメール本文がクリックされなかった場合は、興味に合わない内容だったのか、それらを把握することが今後の改善にもつながります。

こうした、相手がはっきりと言葉で表明したわけでないけれども、クリックやサイト訪問の結果現れてくる情報のことを「デジタルボディランゲージ（digital body language)」とも呼びます。登録時に得たプロフィール情報だけでなく、こうした「デジタルボディランゲージ」も把握できるような仕組みを導入すると、興味関心をより深く察知することになり、より効果的な「リードナーチャリング」が可能となります。

見込み客の中でも、より見込み度の高い人を「ホットリード」と呼ぶことがありますが、リードナーチャリングを通じて得られた情報をもとに、1人1人の「ホット」度合いを把握する方法が「リードスコアリング」というものです。

これは、サイトへの来訪頻度、来訪ページ数、メールの

開封率・クリック率や最初にとったプロフィール情報など、それぞれの情報に点数（スコア）をつけていくことで、見込みの度合いを理解するために行います。例えば、一般的には、最初のeBookダウンロードで5点、メール開封一回につき1点、クリックにつきさらに2点、商品紹介ページへの来訪で3点、価格紹介のページで3点、セミナー参加で5点、他にも従業員数いくらで何点、役職で何点、この業界は何点、導入意向時期に合わせて何点などといったことを、組み合わせて算出し、営業をかけるタイミングを把握するために利用されます。

これらのスコア付けを手作業でやるのは非常に大変です。そこで、これらのスコア付けとメール配信などのあらゆるマーケティング活動を自動化する「マーケティングオートメーション」ツールを利用するのもよいでしょう。

もともとB2Bマーケティング業界では、リードスコアリングに「BANT条件」と呼ばれるものがよく使われていました。BANTとは「Budget（予算）」「Authoriy（決裁権限）」「Needs（必要性）」「Timeframe（導入時期）」の頭文字をとったもので、4つの企業属性視点に基づくスコア付けです。

しかし、インバウンドマーケティングでは、そうした企業属性視点だけでなく、もっと個々人の興味関心情報に注目します。インバウンドマーケティングが、検索行動からスタートする、つまり何らかの興味関心があるところからスタートするので、サイト内のどこを見ているのか、メールは見ているのかなど、人々の行動をベースに、個人の興味関心・課題が推測できるようになってきています。それ

ゆえ、メールの内容や、時には訪れたサイトに表示されるコンテンツまで、パーソナライズして、より動的な行動を把握し、スコアリングしていくことができるようになっています。

　ただ、一方でこのような個人の動きが明らかになればなるほど、「嫌われないマーケティング」「嫌われない営業行為」を意識するべきでしょう。「今だ！」とすかさず電話営業を入れるような振る舞いはおすすめできません。

　インバウンドマーケティング的には、顧客化可能だと思われる「興味関心や購買意向が高まったホットなタイミング」を「営業をかけるタイミング」と捉えるのではなく、「問い合わせをしてもらうタイミング」として考えたいと思います。一見同じように思えるのですが、両者は態度が違います。前者はアウトバウンドで、後者はインバウンドです。

　サイトを訪れている人がどのページを閲覧しているか把握できるとして、最初は商品のページを見ていた人が、しばらくすると導入事例のページを見始め、そのあとに価格表のページに飛んだという情報をつかんだとしましょう。そのときに取るべき行動は、「すかさず電話」ではなく、例えば、無料見積りや他社との価格比較に関するメールを送り、「詳しくは問い合わせを」といった文言を添えるというようなやり方です。

　こうしたプロセスについては、従来は営業の役割でした。見込み客のところに行き、商品や事例の説明をして価格を伝え、見積り依頼を取るといったプロセスは営業スタッフの仕事として、誰も異議を唱えることはなかったでしょう。しかしながら、こうした情報の多くは、営業マンが

■■Chapter 3 インバウンドマーケティングの方法論

アポをとって話に行く前に、すでに相手はネットで調べてわかっていることも多いのです。

2章ではGoogleが提唱する「ZMOT」という、検索行動が普通になった時代のマーケティングコンセプトの話をしました。これはB2Cのみならず、B2Bにも適応できる概念です。

例えばあなたが一日に検索をする回数が20回だとしましょう。では、そのうちの何割が個人的なことで、何割が業務に関することでしょう？　もし4割が個人的なことで業務に関することが6割だとしたら、あなたは一日のうち8回、一消費者としてB2C企業にとってのビジネスチャンスを産み出しているのかもしれません。一方の12回、つまり業務都合で検索している場合は、あなたは企業の一担当者としてB2B企業にビジネスチャンスを産み出しているわけです。同様に、あなたの競合もしくは将来の見込み客も同様に検索している可能性を考えましょう。あなたが検索をするように、きっとお客さんもあなたのビジネスに関わるようなことを検索している可能性が高いのです。そしてそれは、「Attract（惹き付ける）」ステージでのチャンスを産んでいるとともに、あなたの企業、商品・サービスのことを調べている可能性も産んでいるのです。

こうした検索からつながる情報行動を前提にすると、営業マンのやってきたことを見込み客自身が代わりにやってくれているということに、ピンと来るのではないでしょうか？

つまり、インバウンドマーケティングにおいては、営業とマーケティングがタッグを組んで、顧客化しやすい見込み客はどういった行動をとるかを把握し、適切なタイミ

グで適切なメッセージを送ることで、従来型の営業行為をなくしてしまうことも可能なのです。そして「何に興味があるのか」を把握したうえで見込み客と話をすることになるので、クロージングのスピードと確率が上がるのです。

　現に、弊社の兄弟会社でもあるコムニコでは、インバウンドマーケティング導入後、たった4－5日で、それまで営業が一カ月かけて集めていた名刺の数を超え、そしてそれらの対応に追われるという自体になりました。もともと電話営業などを行っていたのですが、このようなことが起こってからは、もう行っていません。

　なぜなら、インバウンドで入ってくる見込み客は興味関心が高く、クロージング率も非常に高いので、結果として同社は従来型の営業チームを必要としなくなったからです。インバウンドマーケティングによって、営業とマーケティングが統合した「SMARKETING」に専念することになったのです。

　同様に弊社マーケティングエンジンも、こちらから電話をかけたりするような営業行為は、現在のところ一切しておらず、サイトコンテンツやSEO、ブログコンテンツやメール配信を利用しており、お問い合わせベースでビジネスを展開しております。しかしそれだけでも、HubSpot Partner Award 2013にてインターナショナル部門での最優秀エージェンシー賞という最高の賞をもらえるくらいのビジネス展開をしています。つまり、弊社や兄弟会社のコムニコ自体が、今まで話をしてきた内容の日本におけるケーススタディなのです。

- **Delight：顧客をより喜ばせる**

　この章の最初に説明した、「ToFu」「MoFu」「BoFu」という、従来使われていたコンセプトにおいてはこのDelightの部分がありませんでした。つまり、クロージング以降は視野の外だったのです。

　しかし、インバウンドマーケティングの方法論はクロージングしてからでも通用するのではないかということが考えられるようになりました。つまり、見込み客が顧客化してからも「推奨者（Promoter）」になってもらうことを目指してインバウンドマーケティングを行おうというのです。「ネットプロモータースコア（Net Promoter Score）」という言葉を聞いたことがありますでしょうか？ *The Loyalty Effect*（邦訳『顧客ロイヤルティのマネジメント』ダイヤモンド社）などの著書があり、顧客ロイヤリティ分析で有名なフレデリック・ライクヘルド（Frederick F. Reichheld）という米国のコンサルタントが提唱した概念で、顧客になった人のどのくらいが製品・サービスを推奨するのかを表した比率です（ちなみにこの場合のNetは、インターネットのNetではなく、「正味」のほうで、Net Promoter Scoreとは「推薦者の正味のスコア」という意味です）。ここでは簡単に述べるにとどめておきますが、複数の顧客に対して調査を行い、「推奨する立場の人の比率」と「推奨しない／批判的な立場の人の比率」を引くことで得られる数値のことを指します。

推奨者の割合 － 批判者の割合 ＝ 推奨者の正味スコア（NPS）

例えば、推奨者が40％で批判者が10％であればNPSは30％ということになります。全体的には顧客ロイヤリティはプラスに振れています。これがもし推奨者が20％で批判者が40％であれば、ネットプロモータースコア（NPS）は-20％となります。これでは、製品やサービスを導入した顧客の満足度が低く、今後の契約継続に支障をきたすばかりか、悪い評判すら広がってしまうかもしれません。
　新たなインバウンドマーケティングの方法論では、既存顧客の満足度を高めることと不満を取り除くことのために「ソーシャルメディア」と「メールマーケティング」「マーケティングオートメーション」などを利用することを推奨します。
　もちろん、ソーシャルメディアは新たな見込み客を誘導するためのツールとしても使われますが、インバウンドマーケティングにおいては、それだけでなく、既存顧客が自社の商品やサービスに満足しているか、不平不満を言ってないかを把握する、いわゆるソーシャルヒアリング／モニタリングのためにソーシャルメディアを使うことをすすめます。メールの配信についても、例えば導入後のフォローのために有益な情報を配信する、あるいは、メールの開封率やクリック率の低下といった既存顧客のデジタルボディランゲージから、声になっていない不満の予兆を把握するなどのためにも使われます。またマーケティングオートメーションのツールにしても、単にセールスのためでなく、既存顧客の行動履歴に応じたコンテンツの配信（例えば、Q&Aページやトラブルシューティングのページを見にきた顧客にそれに関連したメールとeBookを提供するなど）のために活用することが可能になります。

「インバウンドマーケティング」はこれまで、インバウンドに人を呼びこむ＝「見つけてもらう（Get Found）」ためのものとして知られてきましたが、今ではこうした既存顧客の満足度の向上も視野に入れたマーケティングコンセプトとなってきているのです。

そもそもマーケティング活動というのは顧客獲得、つまり新たな見込み客を連れてくるだけでなく、CRMやRetention marketingという顧客維持のところまで含むものです。これらのマーケティング活動全般をいかに押し付けがましくないように行うかが「インバウンディ（inboundy）」ということであり、こうした態度・視点のもとで行うあらゆるマーケティング手法の組み合わせが、インバウンドマーケティングの実践なのです。

インバウンドマーケティングがただ１つの手法のことを指すのではなく、より包括的なマーケティングコンセプトだということがご理解いただけましたでしょうか？

COLUMN 3

HubSpotって何？
「マーケティングビジネスのエコシステム」

　HubSpotについて注目しておくべきなのは、企業文化、ソフトウェアそのものだけでなく、彼ら自身が生み出している新たなエコシステム（生態系です）。

　HubSpotには、HubSpot Marketplace（https://marketplace.hubspot.com/）というものがあり、ここでサードパーティ企業がHubSpotと関連したビジネスを行えるようになっており、新たな収益源になっていることにも注目してほしいと思います。

　このHubSpot Marketplaceは、本書執筆時点では"Templates""Services""Apps"の3項目に分かれています。

Hubspot MarketplaceはHubSpotサードパーティの連携の場

Templaresでは、登録したデザイナーやスタジオが、HubSpot 上で使えるサイトやランディングページ、HTMLメールのテンプレートの販売を行っており、HubSpotユーザーはゼロからデザインすることなくそれらを使えるようになっています。Servicesでは、私たちマーケティングエンジンのようなインバウンドマーケティングを支援する企業の紹介や、ライターネットワークやデザイン会社の紹介をしています。今後HubSpot自身は製品の開発とマーケティングに注力していくようで、HubSpotライセンスの直接販売はやめる方向に進んでいるため、このようなサービス事業者の役割が重要になってくると思われます。

そして最後のAppsですが、HubSpotはAPIを多く公開しており、それらを使ってHubSpotと連携するアプリやウェブサービスを作ることが可能になっています。例えば、RingRevenueという企業は、お客さんからかかってきた電話を録音し、いただいた個人情報をHubSpotと連携して管理して、電話をかけてきた人が、そのあとどのようなサイト内行動をとったのか把握できるようなツールを

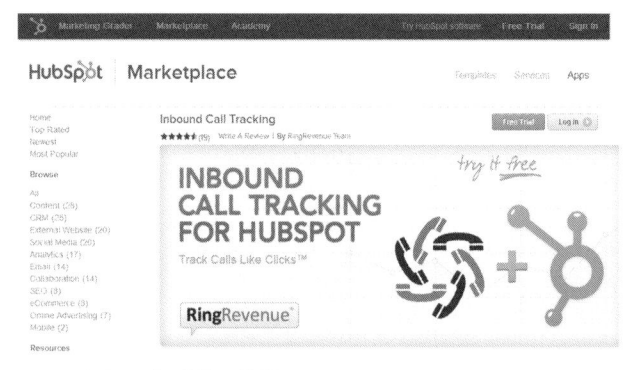

ユニークなアプリも続々登場している

提供しています。

　また、YouTube CTAs といって、サイト内に埋め込んだ YouTube 動画の任意のタイミングで "Calls-to-Action" ボタンを出し、ランディングページへ誘う仕組みなど、サードパーティの開発者が HubSpot の仕組みを拡張しています。

　今後、HubSpot ユーザーが増えるにつれ、こうした Apps 市場も活性化すると思うので、ぜひ日本のエンジニアたちにも、こうした B2B マーケットのアプリケーション開発に興味を持ってもらいたいと思います。

　※これらの開発に関する情報は開発者向けサイト（http://developer.hubspot.com/）を御覧ください。

インバウンド
マーケティング
CHAPTER 4

実践・インバウンドマーケティング

インバウンドマーケティングについて、一通りの流れをつかんだら、あとは実践あるのみ。見込み客に見つけてもらい、見込み客を顧客に育て、顧客に自社の商品やサービスを推奨してもらえるようになるまでの各プロセスをどのように進めていったらいいのか。また、インバウンドマーケティングにまつわる複数のツールや手段をどう組み合わせていくのか。私たちの日本での導入経験も踏まえつつ、具体的な手順を見ていきましょう。

■■ Chapter 4　実践・インバウンドマーケティング

：インバウンドマーケターの条件

それではここからは、より具体的にインバウンドマーケティングを進めていく方法を順番に説明していきたいと思います。すでにお話をしてきたように、インバウンドマーケティングは複数のツールや手段を使います。それぞれに深堀りをすることも可能なのですが、本書を通じて皆さんに学んでいただきたいのは、マーケターとして、これらを組み合わせてどうやってお客さんと付き合っていくのかということであって、各ツールや手法の専門家になっていただくことではありません。しかし、もし個別に深堀りしたいということであれば、各専門書をお読みになることをおすすめします。

インバウンドマーケティングで利用する代表的なツールやコンセプトは、以下のようになります。

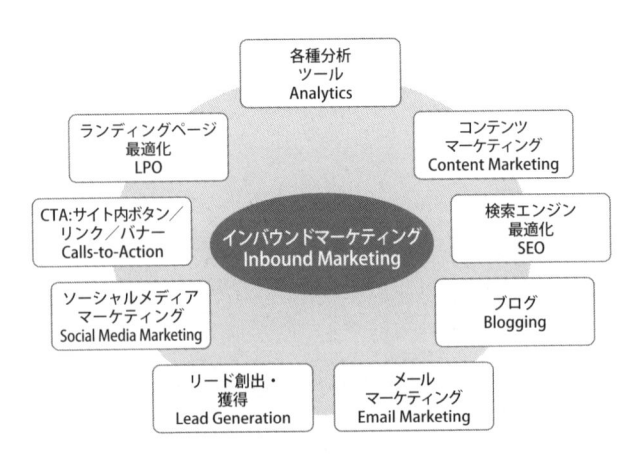

- 各種分析ツール　Analytics
- ランディングページ最適化　LPO
- コンテンツマーケティング　Content Marketing
- CTA:サイト内ボタン／リンク／バナー　Calls-to-Action
- 検索エンジン最適化　SEO
- ソーシャルメディアマーケティング　Social Media Marketing
- ブログ　Blogging
- リード創出・獲得　Lead Generation
- メールマーケティング　Email Marketing

インバウンドマーケティング　Inbound Marketing

各種ツール・手法すべてを"嫌われないようなやり方"を意識して使うのがインバウンドマーケティング

インバウンドマーケティングに対する最もよくある誤った意見が、「そんなものは以前からあるし、みんなやっているでしょう」というものです。こうした意見の持ち主は、「メールマーケティング」や「ブログマーケティング」「検索エンジンマーケティング」「ソーシャルメディアマーケティング」などの「ツール（あるいはプラットフォーム）＋マーケティング」としてしかマーケティングを理解できないのかもしれませんが、こうした人の多くは、残念ながらそれぞれを横断した使い方には疎く、結果としてそれぞれのツールやプラットフォームの活用方法ですら、非常に矮小化してしまう傾向があるようです。

例えばソーシャルメディアコンサルタントと呼ばれる人たちが「Facebookは○○○に効果的」という主張をしたところで、実際のマーケティングの現場では、より多くのツールを使っていて、それらを横断的に連携させて使いたいのであって、Facebookという1つのツールだけにこだわって仕事をすることは、基本的にありません。これは、従来のマスマーケティングの世界を考えてみればすぐにわかることです。「テレビマーケティング」や「新聞マーケティング」のようにそれぞれのメディアを分けてマーケティングをするということはありません。意識はしてなくても、複数の媒体を利用する「クロスメディア」で実際のプランは立てられることが普通です。

しかしながら、ことオンラインマーケティングの世界では、なぜか個々のツールにのみハマったり、あるいは会社全体でその時々のバズワードになっているようなメディアやプラットフォーム、ツールを号令掛けて売るといったことになっており、これは日本のオンラインマーケティング

の非常に憂慮すべき課題になっているように思います。また、何も考えずに、「新しい手段」「古い手段」を頭の中で振り分けて、新しければそれでいいと思い込んでいるような傾向すらあり、古い手段の見直しやその進化について、あまり興味を抱かない人たちが多いのも非常に残念です。

例えば、メールマーケティングは最も長く使われているオンラインマーケティングの1つで、積み重ねられた非常に多くのノウハウがあります。一方で、各顧客の行動履歴に基づいてどのぐらいパーソナライズされたマーケティングが行われるのかとか、動画配信との連携など、数年前には考えられなかった進化を遂げている分野であることは、なかなか知られていません。

インバウンドマーケティングを知り、実践することは、古くからのオンラインマーケティングと新しいオンラインマーケティングを理解し、両方のノウハウを駆使することになります。もちろん、それらのツールや手法を理解するだけでは「インバウンドマーケター」ではありません。情報洪水時代・情報選択の時代に相応しいマーケティングの進化として、従来の押し付け的な、人々の生活の邪魔をするようなマーケティングではなく、人々の役に立ち、好かれるようなマーケティングを行うという姿勢が身について、初めて「インバウンドマーケター」を名乗ることができるでしょう。

ここから先は、HubSpot が *Inbound Certificate* や *Inbound Marketing University* といった形で「インバウンドマーケター」育成のために公開しているコンテンツをもとに、日本での導入経験なども交えてインバウンドマーケティングを行うための実践的な流れを説明していきます。

なお、それぞれの項目については、専門的過ぎないようにする一方で、インバウンドマーケティング自体が全体を網羅するような性質であることを前提としているため、結果的に、基本的な内容が中心となっています。もし各項目について深く知りたい方は、それぞれの専門サイトや専門書にあたってみることをおすすめします。

ただし、個別の手法の専門家になることよりも、全体を理解できるほうがインバウンドマーケティング的には重要だと考えますので、必要十分に理解しておけばよいと思います。

ペルソナの設計

「インバウンドマーケター」として、まずやらなければならないのは、自分たちがマーケティングの対象とするのが、どのような人々なのかを理解し、その具体像を浮き彫りにすることです。これを「ペルソナの設計」といいます。「ペルソナ」(4-1)とは社会的な役割や演劇内でのキャラクターを表す言葉で、ラテン語に由来します。心理学の世界ではカール・ユングという著名な心理学者が使った言葉としても知られていますが、マーケティングや市場調査の世界においては、定量的なセグメンテーションの結果を具体的な人物像に反映する分析手法のことを指します。

(4-1)
Buyer Personas。リサーチの結果作り上げる架空の人物像。これは理想的な顧客像をイメージしたもので、今後のマーケティング活動をより行いやすくするために設定。

一般的にいって、ターゲットとなる人々を定量的にセグメンテーションすると、実感しがたい像となってしまうことがしばしばありますが、「ペルソナ」というのは単なるデータの寄せ集めでなく、そこから「一人の人間の像」を描き出します。とりわけブログやメールマーケティングを行う上では、「誰に向かってこのコンテンツを書いているのか？」をイメージしやすいようにしなければいけません。

そこで、インバウンドマーケティングにおいては、まず「買い手のペルソナ（Buyer personas）」と呼ばれるものを作り上げていきます（以下短く「ペルソナ」に統一して説明いたします）。

このあとのマーケティング活動は、この「ペルソナ」に対して行うものとして企画し、実施します。例えば、ブログのコンテンツ、プレミアムコンテンツのようなオファー、サイト内に設置するボタン（CTA）、ランディングページ、サンキューページ、リード育成の仕方など、あらゆるものが「ペルソナに話しかけるようなイメージ」で作り上げていくことになるのです。

ペルソナを作るメリットとしては、

・誰かに語りかけるような考え方でサイトを作ることができる～単なる商品の説明・陳列棚のようなサイトから脱却できる
・各コンテンツを、相手に合わせた言語で作るようになってくる～口調、トーン、文体、専門用語、コンテンツのフォーマット、長さ、などを考慮するようになる
・相手にとって興味を引いたり、役に立ったりするよう

なコンテンツやオファーを企画しやすくなる〜肩書やステージの違いによって興味関心事項を変えることができる
- サイトやメールマーケティングなどの行動を通じ、相手を適切な道筋でガイドすることができるようになる〜常に相手をイメージした道筋をマーケティング活動で作り上げていく
- 「こういう人々を対象にしています」と社内のさまざまな部署とのコンセンサスをとりやすくなる〜定量的に浮かび上がる像に比べてイメージしやすいので、部署間を越えて理解を得やすい

というものが挙げられます。また、マーケティングの企画や実施、その分析に至るまで、このペルソナの概念を使うことで、話しかけることになる相手のイメージが具体的になり、五里霧中での手探りを避けることができるとともに、実際にやってみると「集団」に対して行うマーケティングと比べて、無駄な時間を使わないで済み、予算や人的リソースの削減になることが感じられてくると思います。

では、実際にペルソナとはどういうものか紹介してみましょう。ペルソナには例えば次の要素が含まれます。

1. その人の背景やプロフィール
   例）年齢、家族構成、学歴など
2. 勤務している会社の情報
   例）業種、年商、マーケティング予算、従業員数など
3. 会社での役職や役割

例）肩書、役割、組織の中での位置づけ、報告先、スタッフなど
4. 求められているゴールとそれを達成するための課題
例）具体的に何を成功すればいいのか？ 何に価値を置いてるのか、課題は何か？ など
5. ビジネス上の取引・購買を決める際の行動
6. 普段の情報源
7. ビジネスに使うツール

いきなりすべてを導き出すのは難しいでしょうが、まずは Excel でも Word でもいいので、上記のリストを作るところから始めましょう。

そしてリストを作ったあとに、ペルソナを構成するための情報を集めます。

例えばすでに過去に作った調査結果から導き出せるものもあるでしょうし、ネットなどからオープンデータが見つかるかもしれません。またそれらをよりリアルな人間像に形作るためには、実際にお客さんと会ったり話をしたりしている人々、例えば顧客対応／コールセンター業務の担当者や、営業担当者へのヒアリングも役に立ちます。

単なる"データ"だけでなく、実際の人間と人間とのコミュニケーションで現れてくるような傾向も「ペルソナ」を作るためには重要なのです。例えばコールセンター担当者は、お客さんたちの「課題」を聞き、解決するための部署でもあるので、ペルソナに含む「課題」の設定にはうってつけだし、営業担当者はボディランゲージやちょっとした言葉のはしから出てくるニーズを理解しているかもしれませんし、また、どういった「言語」がやりとりされてい

るのか、専門用語だけでなく、言葉のクセを理解することもできます。

　このように「ペルソナ」の設計はマーケティング担当者だけでなく、他の部署の人々の力も借りつつ行いましょう。そのほうが後々にも同意を得ることができる「ペルソナ」が作れるということは言うまでもありません。

　では、これから具体的なペルソナの作り方を紹介します。
　まず第一例として、あなたが人材紹介のサービスをしている会社のマーケティングないしは営業担当者になったと考えてみてください。
　ここではあなたの見込み客というのは、企業の人事担当者、できれば人事部長クラスということになります。その立場になったとして、まずは上記の「ペルソナに含まれる要素」を参考にしながら、ペルソナを作ってみると、例えば、次のページのような形になります（人物名は仮名ですが、イメージしやすいように名前をつけます）。

人事部長の山本佳子さん

【人物の背景】
・人事担当部長
・現在の会社に13年間勤務。人事部に配属され7年、昨年現在の地位に就く
・既婚。子どもは2歳と4歳の2人
・四年制大学の文系学部（経済学部）卒

【デモグラフィック】
・年齢は30歳から45歳ぐらい
・年収は900万円程度
・住居は会社から電車で1時間の距離のベッドタウン

【勤務先】
・IT関連企業
・社員数は100人
・会社では落ち着いた物腰の人物
・本人は電話を取ることはなく部下が取った上でつなぐかどうか確認をする
・送られてくるDM（各社の会社案内・営業資料など）は、アシスタントが確認の上渡される

【仕事上のゴール】
・社員が幸せであり、かつ給与体系を抑えること
・戦力になる人材を金額を抑えつつ獲得できるこ

と
・各部署からの要請を聞きつつ、適切な人材を適切な部署に配置すること

【仕事上の課題】
・できるだけ少ない人数で仕事が進むようにしたい
・予算内で優秀な人材の確保が難しくなってきている
・会社全体の人事への意識改革

【ビジネス上の取引に関する傾向】
・突然の営業連絡には自分は相手をしないが、部下には一応話を聞かせる
・報告を受けた上で会社にとってメリットがありそうなら、一度部下にアポをとらせて話を聞かせる
・アポの際の報告を受けた上で、自分が会うかどうか決める
・しかしその間も相手先企業の会社ページにアクセスをすることはあるが、細かくはネット上を調べない
・取引を決めるかどうかは、相手企業の実績とケミストリー（合うかどうか）

【普段の情報源】
・仕事に関する情報源としては、一般的な経済動向を知るものとして、経済紙（誌）を定期的に

> 読む。最近、紙から電子版に切り替えた
> ・自分の業務領域に関しては、専門の刊行物をオフィスで定期購読しているのでそれらをたまに読む
> ・また、業務領域に関連するキーワードをGoogleアラートに登録しておき、メールが届くとそれを見ている
> ・他の会社の人事関係者とのネットワークもあるので、交流会と称した飲み会などでの情報も参考にしている
>
> 【ビジネスに使うツール】
> ・もっぱらメール。パソコンからだけではなく、スマートフォンからも送るので、メールの内容は率直かつ簡素なもののほうが最近読むのも書くのも楽になってきた
> ・検索エンジン。仕事で使うのは1日に15回程度
> ・電話はオフィス内であってもスマートフォンで受けることが増えている

　今本書をお読みのあなたの業種とは違うかもしれませんが、どのような人物かがイメージできますでしょうか？「ペルソナ」は、どのような業種であっても作ることができます。また、取引先としてイメージできる相手が複数の場合は、複数のペルソナを設計することもよいでしょう。

よりイメージができるように、もう1つの例を挙げておきます。今度はあなたが福祉用車両を販売したい自動車メーカーのマーケティング担当者だったとします。どういった人がお客さんになるかイメージをしながらペルソナを作ってください。

高齢者福祉施設の車両担当の田中文也さん

【人物の背景】
・福祉施設にて介護士として勤務をしながら、車両面での担当もしている
・最初の施設で3年。その後現在の施設に勤務して5年
・既婚。子どもは3歳の一人。両親と同居
・四年制の福祉専門大学卒

【デモグラフィック】
・年齢は30歳から35歳ぐらい
・年収は500万円前後
・住居は会社から電車で1時間の距離のベッドタウン

【勤務先】
・小規模グループの高齢者福祉施設。他に4箇所
・社員数は契約社員を含めて75人

【会社では】
・自分から進んで話をするほうではないが、話しかけられると十分に話をするほう
・毎日、デイサービスでのお迎えもあるので、時間に対しても几帳面になってきた
・勉強家で、新しいものを積極的に取り入れるタイプ
・上司や会社に対しても提案をよく行う

【仕事上のゴール】
・施設に来る人が笑顔で過ごせること
・また、施設から帰宅する人が笑顔になっていること
・できるだけ多くの人に対応したい

【仕事上の課題】
・業務時間が長く、新しいことに自ら接する機会を取りにくい
・毎日車両を走らせているので、メンテナンスや安全面に神経質になりやすい

【ビジネス上の取引に関する傾向】
・自分は取引に対して決定権はないが、課題が見つかると、それについて上申することは多い
・ITや自動車については購入の前に自分のところに相談が来ることが多いように思っている
・上司に、調べ物をさせられることが多い

【普段の情報源】
・仕事が忙しく、あまり新聞などを読む時間もないし習慣もない。ニュースはもっぱらスマホ
・FacebookやTwitterで同業の人や大学時代の同期とつながっているので、そこで福祉関係の情報が流れることがあり、参考にしている
・時間があれば他の施設がやっているブログやサイトを見に行って、参考にすることもある
・また社会福祉関係のサイトなども見に行くことがある
・わからないことがあれば検索をして調べるが、ほぼスマホ。パソコンは会社にしかないので

いかがでしょうか。ペルソナ作りのイメージができましたか？ もしイメージができたなら、次の表を使って、ご自身の会社のケースで、ターゲットとなるお客さんをイメージしたペルソナ像をぜひ作ってみてください。

（社名・商品名など）がターゲットとする顧客像

【背景やプロフィール】

【勤務している会社の情報】

【会社での役職や役割】

【求められているゴールとそれを達成するための課題】

【ビジネス上の取引・購買を決める際の行動】

【普段の情報源】

【ビジネスに使うツール】

【その他。特記事項】

∵ インバウンドマーケティングの実施において理解しておくべき5つのポイント

さて、ペルソナが見えてきたとしたら、インバウンドマーケティングの方法論を使って、こういった人々をどうやって見込み客から顧客へと誘っていくのかを考えます。

ここからは前章で書いたステージ別にそれぞれでの施策を具体的に説明していきます。ただ、それぞれのステージごとの話に入る前に、インバウンドマーケティングの実践を通じて考えなければいけない5つのトピックについて先にお話ししたいと思います。5つとは次のようになります。

1) どのようなコンテンツを作るのか (Content Creation)
2) ライフサイクルに応じたマーケティング (Lifecycle Marketing)
3) 個別に対応したメッセージ (Personalization)
4) マルチチャネル (Multi Channel)
5) 統合化 (Integration)

1) どのようなコンテンツを作るのか

インバウンドマーケティングで作られるコンテンツは、いわゆる「バズ」即ちネット上で話題になることを狙うためのものではありません。得てしてそのようなコンテンツは、短期のサイトトラフィックに貢献することはできますが、それが将来のお客さんとなる人たちの興味関心や購買意欲を高めるタイミングと必ずしもマッチするわけではないのです。

インバウンドマーケティングにおいては、中長期的な観点においても検索エンジンなどで「見つけられる」コンテンツであることを志向します。無理やり注目を集めるために作ったようなコンテンツよりも、人々が何かの課題を感じたときや、あるカテゴリーについて興味を持ったときに出てくるようなコンテンツのほうを重視するのです。例えば企業の人材開発部署であれば、どうやって社員のスキルを上げるかという課題があり、それに応えるコンテンツを準備するとか、言葉の定義、説明、レポートなどといった、地味なコンテンツも「見つけられる」という視点では非常に重要な資産となります。

2) ライフサイクルに応じたマーケティング

　対象とする人が、顧客化のステージあるいは購買ステージといわれるもののどこの段階にいるかによって、あなたの会社・サービスへの態度の取り方や行動が違うことは理解しておかないといけません。つまり、相手が同じ人であっても、置かれたステージに応じて、それぞれ違うアクションを起こす可能性があるということです。そのため、以下のような表を作って、各施策の指針に使うことがあります。

	ペルソナA 購買担当者	ペルソナB システム担当	ペルソナC CEO
Stranger	普段の情報源は？ ****** 業務上の課題は？ ******	普段の情報源は？ ****** 業務上の課題は？ ******	普段の情報源は？ ****** 業務上の課題は？ ******
Visitor	サイト来訪のきっかけは？ ****** どういった情報を探しているか？ ******	サイト来訪のきっかけは？ ****** どういった情報を探しているか？ ******	サイト来訪のきっかけは？ ****** どういった情報を探しているか？ ******
Lead	課題はなにか？ ****** ビジネスゴールは？ ******	課題はなにか？ ****** ビジネスゴールは？ ******	課題はなにか？ ****** ビジネスゴールは？ ******
Customer	満足と不満は？ ****** 新たな課題は？ ******	満足と不満は？ ****** 新たな課題は？ ******	満足と不満は？ ****** 新たな課題は？ ******

> インバウンドマーケティングでは、ライフステージごとに、提供するコンテンツや使うツールを変えていきます。そのため、このような表（グリッド）を作って、それぞれのペルソナについて、ライフステージごとに課題やゴールを仮説だて、施策の指針に使います。

ペルソナ／ライフステージ（ライフサイクル・グリッド）の例

3）個別に対応したメッセージ

　見知らぬ人が、やがて見込み客のリストに入り、そして顧客化までの道のりを経ていくことを考えると、1人1人の人との付き合いが、非常に長くなることが容易に想像できます。この過程において、より相手を知る機会も出てくるでしょう。その中で、それぞれの人により相応しいメッセージを送ったり、それぞれの課題に応じた情報を送ることを意識します。

4）マルチチャネル

　インバウンドマーケティングでは複数のツールを使います。普通のサイトだけでなく、ブログも、ソーシャルメデ

ィアも、メールも。あなたが日常生活を営む中で、たった1つのツールだけを使って生活していることがないように、あなたの見込み客や顧客も、場面場面に応じて複数のツールを使っています。このことを意識して、コミュニケーションを設計する必要があります。この情報はブログに書いたほうがいいのか、あるいはそのことをソーシャルメディアでどのように伝えるか。新しい eBook ができたときにメールで伝えるとしても、スマホ向け、パソコン向けにそれぞれどのようなメッセージにするか……などなど。あなたとあなたが話しかけたい相手の間には、複数のツール、複数のチャネルが存在するのだということをわかっておいてください。

5) 統合化

ここまで書いた4つのことが、うまく統合して機能できるように意識します。例えば1で作ったコンテンツを4のように適切なツールを選んで配信する、2で述べたようなステージにおいて、3を意識したメッセージをどのように作るかなど、それぞれがバラバラに行われるのではなく、すべてがつながっていることを意識しながら、インバウンドマーケティングを進めていきましょう。

では、これら5つのことを念頭に置いた上で、前章のインバウンドマーケティングの方法論に基づく4つのステージ、Attract（惹き付ける）、Convert（見込み客化する）、Close（顧客化する）、Delight（より喜ばせる）に分けて、実際の進め方について説明をしていきます。

⁝ 実践1. Attract（惹き付ける）

まだ知らない相手（Stranger）をサイト来訪者（Visitor）にするために、Attractのステージでは次の4つのことを実施します。

1）キーワード戦略を策定する
2）既存のサイトを見直す
3）ブログを構築する
4）ソーシャルメディアを使う

1）キーワード戦略を策定する

まずは、キーワード戦略を策定することから進めましょう。

ここでいう「キーワード」とは、あるトピックについてネット上で情報を収集するときに、検索エンジンなどで入力する単語やフレーズのことを指します。

あなたのビジネスに関連したキーワードを検索している人がいたとしたら、その人は未来のお客さん候補かもしれません。しかし、サイトやブログ、ソーシャルメディアに至るまで、そうして検索されるあなたのコンテンツのほうがキーワードに最適化されていなければ、その人たちに「見つけられる」ことは不可能です。

ある調査によれば、検索結果において発生するクリックの70％は検索連動型広告からのものではなく、自然検索結果によるものだといいます（Marketing Sherpa, 2007）。また、検索結果ページにおいて、75％のユーザー

はスクロールすることなく、最初の画面だけ見て終わってしまうそうです(Marketshare.hitslink.com, 2010)。つまり、検索連動型広告に出稿するよりも、SEOによって自然検索結果に出ることを目指すのが、出会いを増やすベストな方法だということになります。

ただ、その際に「どのようなキーワードで検索されたときにその出会いを作れるのか」という見込みが立てられないと、何もうまくいきません。「見つけられる」可能性を高めるためには戦略的にキーワードをいくつか設定し、それに応じたコンテンツを産み出し、モニタリングをして、サイトへのトラフィックや見込み客化、顧客化に貢献しているものはどれかを把握していく必要があります。このプロセスは、すでに検索連動型広告やSEOを実践されている方にはごく普通のことでしょう。

しかしインバウンドマーケティングにおけるキーワード戦略は、これまでのやり方とは少し違うところもあるかもしれませんので、ここから先もしばらくお付き合いください。

インバウンドマーケティングにおけるキーワードの立て方は、次の2つの視点に基づいて導き出します。

1. 会社や商品・サービスに関連したキーワード
2. 見込み客・顧客の課題・興味関心に応じたキーワード

1については、検索連動型広告や、すでにSEOを実施している方であれば既存のキーワードのリストを使ってください。もし初めてであれば、商品名やサービス名だけでなく、その商品の属するカテゴリー名称や商品の説明など

に使われるキーワードを導き出してください。

　次に2ですが、これがインバウンドマーケティング的なキーワードとなります。

　一般的に、検索連動型広告や従来のコンバージョン視点でのSEOでターゲットになるキーワードをまとめると、「購買に近いキーワード」が中心になりますが、インバウンドマーケティングにおいては多少「遠い」キーワードであっても対象にすることがあります。

　ここまでも何度か述べてきたように、インバウンドマーケティングでは、見込み客や顧客の課題解決、スキル向上になるようなコンテンツを作ることを想定しています。

　1のような会社や商品・サービスに関連したキーワードは、購買の道筋においては、すでに情報収集・比較検討の段階、ないしは買う直前まで来ている人の可能性が高いでしょう。検索連動型広告などが、購買に近い人をターゲットにするからこそ、「効果の高い広告」として伸びたのはそうした理由があります。

　しかし、インバウンドマーケティングの場合は、見込み客の候補になるような人をまず「訪問者（Visitor）」として呼び寄せるために、検索結果などで「見つけられる」ことを目指します。こうした人々は必ずしも購買に近いタイミングにいるわけではないので、まだはっきりと商品やソリューションに関するキーワードで検索することをしません。むしろ、所属する業界に関しての日常的な興味関心事項について調べていたり、あるいはふと思いついた課題について検索して調べている可能性が高いでしょう。例えば本書の読者であるあなた自身は、1日に何回ぐらい検索をしますか？　仮に20回検索をしたとして、それらがすべ

て「何かを買うため」のものであることはないはずです。これまで再三述べてきたとおり、実際には、検索は「購買のため」というよりも「日常的な情報収集活動のため」「興味関心を満たすため」に使われているはずです。そうしたときに使われそうなキーワードもピックアップしておきます。

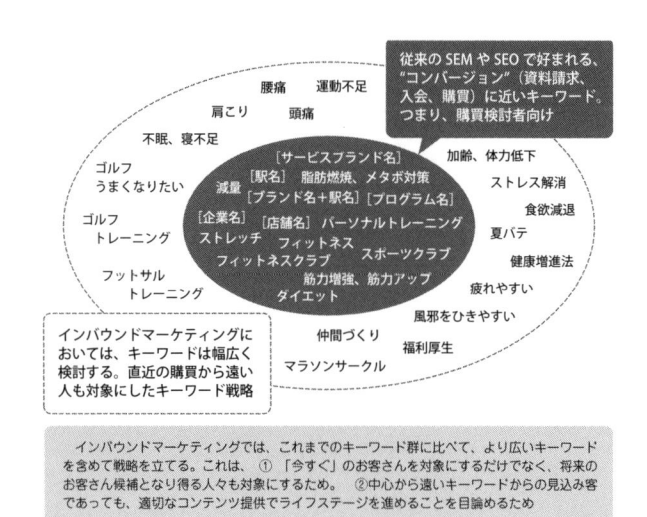

図中テキスト:

- 従来のSEMやSEOで好まれる、"コンバージョン"（資料請求、入会、購買）に近いキーワード。つまり、購買検討者向け
- 腰痛／運動不足／肩こり／頭痛／不眠、寝不足
- ゴルフうまくなりたい／ゴルフトレーニング／フットサルトレーニング
- [サービスブランド名]／減量　[駅名]　脂肪燃焼、メタボ対策／[ブランド名＋駅名][プログラム名]／[企業名]　[店舗名]　パーソナルトレーニング／ストレッチ　フィットネス　スポーツクラブ／フィットネスクラブ／筋力増強、筋力アップ／ダイエット
- 加齢、体力低下／ストレス解消／食欲減退／夏バテ／健康増進法／疲れやすい／風邪をひきやすい／福利厚生／仲間づくり／マラソンサークル
- インバウンドマーケティングにおいては、キーワードは幅広く検討する。直近の購買から遠い人も対象にしたキーワード戦略
- インバウンドマーケティングでは、これまでのキーワード群に比べて、より広いキーワードを含めて戦略を立てる。これは、①「今すぐ」のお客さんを対象にするだけでなく、将来のお客さん候補となり得る人々も対象にするため。②中心から遠いキーワードからの見込み客であっても、適切なコンテンツ提供でライフステージを進めることを目論めるため

"フィットネスクラブ"をケースにした場合の、キーワード選択のイメージ

　ここで導き出したキーワードは、一見するとあなたのビジネスからは距離があるかもしれません。

　しかしながら、検索した結果、表示された広告からすぐに「ランディングページ」に行ってもらい、すぐ購買してもらったり資料請求をしてもらうのと違って、インバウンドマーケティングでは、コンテンツを通じて購買ステージを進んでいってもらうという流れを作るので、当初は商品

やサービスと多少遠いキーワードでも構いません。さすがに、例えば福祉車両を売りたいのに「スマートフォン」や「料理レシピ」などというキーワードを選ぶことはないと思いますが、自分たちのビジネスとの距離を考えたキーワードを2で選ぶようにしてください。

　2のキーワードの考え方は、道路の標識になぞられると理解をしやすいかもしれません。例えば東京から神奈川県の箱根まで車で向かうとすると、都内を出発してすぐに「箱根」と書いた看板が現れるわけではありません。また、車の方向は常に目的地に向けられているわけではなく、いろいろな道を通っていろんな方向に向かっていて、合間合間にそれぞれの通過地点になるような看板を目にしながらゴールに向かっていきます。同じように、キーワードとそれに基づくコンテンツで人を次から次のステージに連れて行くには、いきなり目的地に向かうのではなく、それぞれの通過点となる場所があるのです。その通過点となるようなキーワードを導き出すことができれば、目的地のほうをす

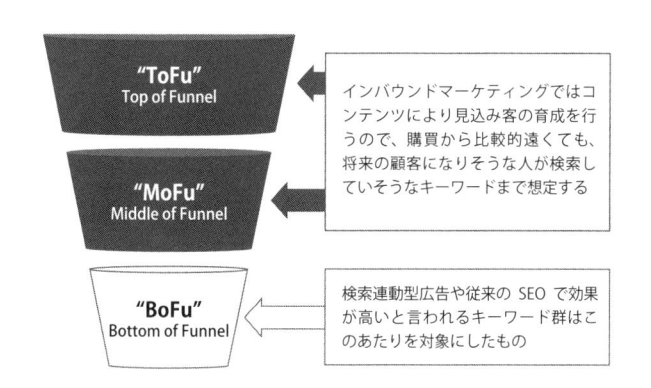

"ToFu" Top of Funnel ← インバウンドマーケティングではコンテンツにより見込み客の育成を行うので、購買から比較的遠くても、将来の顧客になりそうな人が検索していそうなキーワードまで想定する

"MoFu" Middle of Funnel ←

"BoFu" Bottom of Funnel ← 検索連動型広告や従来のSEOで効果が高いと言われるキーワード群はこのあたりを対象にしたもの

インバウンドマーケティングで考えるキーワードの範囲

でに向いている人々だけをターゲットにするのではなく、その手前のルートにいる人だって、呼び込めることができるようになるわけです。

さて、キーワードを導き出したら次に行うのは、それらのキーワードを検索した場合、それぞれどのような検索結果になっているかを調べるということです。その検索結果を次のような観点で評価してみてください。

・自社のサイトが出てくるかどうか
・競合他社の数は？
・検索連動型広告の有無は？
・企業ブログや個人ブログが出現する？
・Q&Aサイトやニュースサイトが出現する？

例えば、あるキーワードで検索した結果に同業他社のページが多く出てくるということがわかれば、そのキーワードに関しては競争環境にあるということになります。また、Q&Aサイトやニュースサイトが多く出現するということは、他にそのキーワードについて適切なコンテンツを提供している企業がない可能性が高いということですから、自社で適切なコンテンツを用意すれば、上位に掲載されるチャンスなのかもしれません。

重要なのは、キーワードからランディングページに連れてくるという従来の検索連動型広告やSEOでありがちな考え方ではなく、「このキーワードで検索する人にどのようなコンテンツを提供すればいいのか」という視点です。そのために、競争環境や現時点でのコンテンツの有無を把握して、検索結果にどのようなコンテンツが出ていれば「見

つけられるか」ということから考えながら、キーワード戦略を実施しましょう。

　Googleがこの数年繰り返し行っているアップデートによって、小手先で検索エンジンをだますようなテクニックでは、ただ上位に出なくなってしまっただけでなく、場合によってはペナルティさえ受けることになってしまいましたが、キーワードに関する有益なコンテンツを提供することで、そうしたことも避けられます。

　キーワードに関するさまざまな情報を知るのに、これまではGoogleのKeyword Toolが使われていましたが、残念ながら、AdWordsユーザー以外には開放されない方向に進んでいます。ただ、この背景として、Googleがコンテンツの中身をますます重視する傾向を強め、これまでのような「検索エンジンのためのSEO」を排除しようという方針があるのではないかとも思えます。検索エンジン対策としてのSEOではなく、ユーザーのためのSEO、つまり、ある情報を探している人に対して適切な情報を出すためのSEOという考え方が、ますます重要になってきています。コンテンツの重要性はこれからどんどん増していくでしょう。この原則を念頭に置いて、次の項目を読み進めてください。

2）既存のサイトを見直す

　マーケティングエンジンでインバウンドマーケティングの戦略構築・コンサルテーションや運用を行う際に、まずお話をうかがうのは、既存サイトの状況です。まったくゼロからサイトを立ち上げるという場合は別ですが、多くの

企業がすでにサイトを持っており、ある程度のサイトトラフィック、つまり訪問者を獲得しているわけですから、これを活用しない手はありません。ただ残念ながら、見込み客となる人々に「見つけられる」ために最適化されていなかったり、もっと質の高いトラフィックを集められるのに、そうなっていなかったり、そもそも既存のサイトの訪問者を見込み客に転換する仕組みさえなかったりと、非常にもったいないケースが多いように思えます。

ここでは、質の高いトラフィックを集めるために知っておかなければならないことを説明しておきます。

まず、以下のことを知っておいてください。

- SEO には、On-Page SEO（内部 SEO）と Off-Page SEO（外部 SEO）の 2 つがある
- On-Page SEO と Off-Page SEO の効果のウェイトはそれぞれ 25％と 75％
- On-Page SEO はすぐに改善しやすい。Off-Page SEO は長期的な視点が必要

On-Page SEO というのは、自分たちのサイト自身における SEO のことで、検索エンジンがサイトの内容を理解しやすいよう、サイトの構造を最適化する取り組みを指します。一方で、信頼性の高い外部サイトから被リンクを集めるのが Off-Page SEO です。

SEO の効果を全体で 100％とすると、On-Page SEO の占める割合は 25％といわれています。しかし、これは非常に改善を行いやすいので、まずこちらについて、すぐに手を入れましょう。

On-Page SEO は以下 9 つの要素で占められます。

①ページタイトル

「ページタイトル」は、On-Page SEO で最も重要な要素の 1 つとなります。いろいろなサイトを閲覧しているとブラウザウィンドウのトップやタブに表示されるテキストがありますが、それが「ページタイトル」です。また、検索結果で表示される各ページの「タイトル」でもあります。

ページタイトル画像

「ページタイトル」は、あなたのサイトの HTML の中で編集することができます。<title> と </title> というタグに挟まれているのが「タイトル」です。まずは、自社のサイトの各ページに、適切なタイトルが入っているかどうかを確かめてください。そのページの内容とタイトルはちゃんと合ってますでしょうか？ 合ってない場合は、自社や外部のサイト制作担当者と話し合って、以下のような点に気をつけて修正を行ってください。

・戦略設定したキーワードを入れる
・全角 32 字（半角 64 字）未満の長さにする
　※それ以上長いページタイトルは、ブラウザや Google の検索結果にすべて表示することができません。また、

ページタイトルを長くし過ぎると、タイトル内のキーワードの重要性も薄れてしまうということも覚えておいてください
・キーワードをできるだけタイトルの冒頭近くに配置する
・サイトの訪問者にとってわかりやすく読みやすいものにする
・あなたの会社が有名ブランドで、ブランド名で検索される状況にない限り、ページタイトルの最後には会社名を入れる。つまり、ユーザーにとって「何について書いてあるページか」を知らせるほうが、優先度が高い
・各ページにはそれぞれ異なるページタイトルを付ける。各ページごとに個別のキーワードを狙うチャンスができます

②メタディスクリプション

　メタディスクリプション（Meta description）をきちんと設定することは、検索エンジンのランキングに直接影響を及ぼすものではありませんが、ユーザーの視点からは非常に好ましいとされています。これは HTML 内では、<meta name="description" content="＊＊＊＊＊"> で記述され、"＊＊＊＊＊"の部分は、Google で検索した際に、サイトの説明としてテキストで表示されます。この Google の検索結果で出てくるサイトの説明文は「断片」を意味する「スニペット（Snippet）」とも呼ばれ、まさにサイトの内容の「断片」なのです。

　通常、私たちは検索結果ページでこのスニペットの文章

を見て、探している情報がありそうか、見る価値がありそうかを判断します。ゆえに、この文章次第でターゲットユーザーを呼び込む可能性が高まるというわけです。また、ユーザーが検索したキーワードがこのスニペットの中に含まれていた場合は、その部分のテキストが太字になるので、余計に目に入ることがあります。

> **インバウンドマーケティングとは？｜株式会社マーケティングエンジン**
> mktgengine.jp/inboundmarketing/ ▼
> **インバウンドマーケティング**とは、見込客に有益なコンテンツをネット上で提供することで、検索結果やソーシャルメディア上で自社を「見つけられ」やすくし、自社のサイトへ来てもらいやすくする、というマーケティングコンセプトです。

スニペット例

　上記の場合、ページの HTML 上では

<meta name="description" content="インバウンドマーケティングとは、見込み客に有益なコンテンツをネット上で提供することで、検索結果やソーシャルメディアで自社を「見つけられ」やすくし、自社のサイトへ来てもらいやすくする、というマーケティングコンセプトです">

と記述されていることになります。
　メタディスクリプションは、あくまでも検索結果上のもので、その先のウェブページ上では表示されません。しかし、上記のように「このページがどんなページなのか」を知ってもらうために重要なものですので、きちんと記述をしておきましょう。
　その際、検索結果で表示される文字数が全角で 110 〜

120文字程度だと意識して書くことは重要なポイントです。それ以上長く書いても表示されません。

逆にもし、ソースコードにメタディスクリプションが盛り込まれていない場合、検索エンジンは代わりに、検索されたページのコンテンツの一部を表示されるように通常なっています。

③ページ内の見出し設定

ページ上で一部のテキストが他のテキストよりも大きく、あるいはより目立って表示されている場合、そのテキストは検索エンジンから見出しの一部だとして扱われます。これを確認するには、ウェブページのHTMLをチェックして <h1>、<h2> または <h3> タグで囲まれているテキストを探します。

見出しとして設定されているテキストは、そのページ内の他のテキストよりも重要だと検索エンジンに判断される可能性が高くなります。このため、見出しには戦略的に設定したキーワードを入れたほうが望ましいとされています。

テキストの重要度は、<h1> タグが <h2> タグよりも、また <h2> タグのほうが <h3> タグよりも高くなります。<h4> や <h5> のタグも存在しますが、キーワードへの影響力は通常テキストと事実上同じものなので、基本的には <h1> から <h3> までのタグを気にしましょう。

ただし、ページ内での見出しが多過ぎると、それぞれのキーワードの重要性が薄れてしまいます。つまりこのページでは本当はどのキーワードが重要なのかを、検索エンジン側が適切に判断できなくなるということを覚えておいて

ください。なので <h1> タグを使うのは一度だけにすることをおすすめします。ページがブログのコンテンツのようにテキストばかりという場合は、パラグラフとなるタイトルの一部を <h2> か <h3> に指定しても構いません。

④ CSS の扱い

　検索エンジンは、あなたのウェブサイトがどうなっているか HTML を読んで理解します。通常、ウェブサイトというのは HTML という言語と CSS（カスケーディング・スタイルシート）というものによって構成されています。HTML がサイトの構造やコンテンツを記述するための言語だとすれば、CSS というのは見た目、レイアウトを司るためのものです。通常、人間が見ているのはこの２つが組み合わさった「ページ」なのですが、検索エンジンが重視するのは HTML のほうです。ただ、HTML のほうに、ページのレイアウトに関する情報や見栄えに関する情報を入れてしまうと、検索エンジンはそれを、HTML 内に入っているコンテンツと混同してしまい、正しくサイト内のコンテンツを判断できなくなることがあります。つまり、ページのコンテンツなどは HTML、レイアウト情報は CSS いうように、きちんと分けて使うのが正しいということになります。

⑤画像と"Alt テキスト"

　これは、きちんとケアをしている企業が意外と少ないのですが、SEO 的にはやっておくべき部分です。
　ページ上の画像は、もちろんサイトでの体験を高めるために有効だと思います。そしてまた、サイト来訪者にとっ

て「目に見えるもの」として扱うだけではなく、検索エンジンにとっても「見えるもの」として扱われるようにすることを考えなければいけません。これはどういうことでしょうか？

　実は検索エンジンには「画像」は「見えていない」のです。でも、Google画像検索があるじゃないかと言われるかもしれませんが、あれは画像の周辺のテキストを読み取りながら、「何に関連する画像か」を判断しており、画像そのものを読み取って検索結果に表示しているわけではないのです。言い換えれば、画像そのものは検索結果を作るための対象になっていないということです。

　昔のインターネットの世界では、サーバー環境やネットワーク環境の問題で、画像が表示されないこともありました。そこで、画像がちゃんと表示されない時の「代替（alternative）」として、「Altテキスト」というものが設定され、そこに何の画像が出るはずだったのかがわかるようにする仕様になっているのです。現在のインターネット環境では画像が欠損することはさほどありませんが、この「Altテキスト」は今でもHTMLを記述する際に残っており、ここに入れた言葉を検索エンジンは読み取ります。つまり、検索エンジンにとっては、画像は「見えない」けれども、テキストは「見える」ので、AltテキストはSEO対策に使えるのです。

⑥ ドメイン情報

　検索エンジンのランキングでは、長期間登録されているサイトが有利になるといわれています。長期にわたるドメイン登録は、サイトが持続的に情報を提供していること（コ

ミットメント）を示すものであり、そのサイトがスパムとなる可能性が低い証しとなります。SEO効果を高めるためには、同じドメインを長く使われることをおすすめします。

⑦ MOZ ランク

　MOZランクは、あなたのサイトがネット上でどれくらい影響力があるのかを示すものとして、（日本では知らない方も多いかもしれませんが）SEOの世界では広く知られている指標です。MOZ（旧seoMOZ）という米国シアトルにあるSEOとインバウンドマーケティングの専門企業が提供しているもので、このMOZランクが高いほど、好ましい状況にあるといえます（MOZランクについて詳しく知りたい方は"MOZランク"ないしは"MOZ Rank"で検索してみてください）。

　MOZランクは、On-Page SEO、Off-Page SEO双方のSEOが評価の対象となりますが、時間のかかるOff-Page SEOを待たずに、まずOn-Page SEOを改善すればランク上昇に貢献するかもしれません。もちろん他にもすべきことは多々あります。

⑧ Google のクロールタイミング

　Googleはあなたのサイトをクロール（巡回）して、キーワードや他のSEO要素といったサイト関連情報を更新します。これがインデックス化（索引化）され、検索結果に反映されていくのです。そのため、Googleにはあなたのサイトをできるだけ頻繁にクロールしてもらうのが望ましいということになります。以前はさまざまなブラックハ

ット（不正）的な、検索エンジンをだますようなテクニックがありましたが、今ではそうした技は使えなくなってきています。結局のところ、Googleにより頻繁にクロールしてもらう最善の方法は、新しいコンテンツを定期的に作成してウェブサイトで公開することに尽きるのです。その点、ブログのようにコンテンツ更新頻度の高いものは、通常のサイトよりも検索エンジンがクロールする対象になりやすくなるわけです。

⑨ URL 構造

ページのURLは、そのサイトのネット上の住所を表します。例えば、HubSpotブログにはhttp://blog.hubspot.com/ というURLが与えられています。ウェブサイトのURL構造は、各ページがどのように結びついてサイトを構成しているかを示すものです。

しかし、URL構造の改善はOn-Page SEOの中では最も難易度が高いものの1つです。この問題を解決する最もオーソドックスな方法は、コンテンツをすべてコンテンツ管理システム（CMS）などを用いて管理し、半ば自動的にURLを生成できるようにすることですが、まずは、望ましいURL構造の原則として次のようなことを知っておくといいでしょう。

・階層が複雑な URL のページは避ける

階層が複雑なURLとは、例えば次のようなものです。

http://yoursite.com/about/management/contact/phone

"/"の数が多く、コンテンツがすごく深い階層にあることがわかります。このように階層が深かったり複雑な構造のページは、SEOでよい結果が得られません。この問題はサイト全体の構造を改善し、深い場所でのコンテンツをなくすことで解決できます。

・301リダイレクトを活用する

301リダイレクトは、旧URLを新URLへと転送するものです。サイトのリニューアルなどでページURLを変更する必要がある場合は、必ずこの設定をするようにしてください。よくある間違いは、〈◯◯◯.com〉サイトと〈www.◯◯◯.com〉サイトのように複数のURLでアクセスできる場合に301リダイレクトを設定しないケースです。同じページにアクセスできるのだからユーザーにとってはどちらでもいいのですが、これは、SEOの観点からは極めて問題となります。なぜなら、検索エンジンがあなたのサイトの両バージョンを別々に認識することになるからです。1つのものとして認識されることができれば旧URLの資産をそのまま引き継げることになるので、新しいURLになったからといって一から過酷なSEOの競争に駆り出される必要もないのです。

・キーワードをURLに加える

見つけてもらいたいキーワードがそのままウェブサイトのURLになっていたら、SEO的に好都合であるのは間違いないでしょう。もちろん、すでにメインURLが決まっているのなら、このためだけに新しいドメイン名を購入する必要はありません。ただし、◯◯◯.comや◯◯◯.co.jp

以下のページにおいても、URLを整理してキーワードを追加し、意味不明なものにならないようにしましょう（これはURLが欧文表記の場合にのみ実行してください。日本語が入ったURLの場合は正常に機能しないことがあります）。

http://info.mktgengine.jp/blog/inbound-marketing-methodology

URLの一部にキーワードが入っている

・**キーワードをダッシュで分ける**

内部ページのURLは、個々のキーワードをダッシュ (-) で分けてください。次の事例はキーワードである「マーケティング」と「リソース」を取り込んだ望ましいURLです。

http://hubspot.com/marketing-resources/

・**Off-Page SEOは良質なコンテンツを作ることで**

まずはすぐできるOn-Page SEOについて説明してきましたが、SEO効果全体の75％を占めるといわれるOff-Page SEOつまり他のブログで引用されていたり、どこかのニュースメディアで引用されるなど、あなたのサイトが他のサイトで「語られている」ことによるSEOについてはどうすればいいでしょう。

他のサイトで引用されて設置されるリンクのことを「被リンク」あるいは「インバウンドリンク」と呼び、Googleのアルゴリズムは、これら他サイトからのリンクの質に応じてリンクされた側のサイトの価値を決めます。これを「Page Rank」と呼びます。被リンクは多ければ多いほど

望ましく、しかも影響力が高いサイトからのリンクが多ければ、なおさら質の高いサイト／ページと判断されることになります（例えば、新聞などメディアサイトからのリンクは、読者が少ない低トラフィックのブログからのリンクよりもはるかに価値があります）。

　しかし、ほんの少し前まで、この仕組みを悪用した、通称「リンクファーム」と呼ばれた仕組みで検索の上位を上げるサービスが多数存在しました。これは多数の人工的なリンクを生成させて相互にリンクを張り、それらからリンクさせることによって検索の上位に上がることを謳い文句にしていたものでしたが、現在ではGoogleのアルゴリズムのアップデートによって、なかなか難しくなってきています。このように、検索エンジンのほうだけを向いて、そのアルゴリズムの裏をかくようにして検索上位を狙うような人たちを、SEO業界では一般的に「ブラックハット」と呼びます。一方でユーザーのほうを向いて、適切なキーワードで適切なコンテンツが出るようにするように施策を行う人たちのことを「ホワイトハット」と呼びます。インバウンドマーケティングにおいては、言うまでもなく「ホワイトハット」の姿勢を目指したいものですが、Off-Page SEOというのは、なかなか簡単には効果が出ません。

　それでは、こうした「被リンク」「インバウンドリンク」をもっと得るための最善の方法とは何でしょうか？　それは、結局のところ質の高いコンテンツを作成することです。他のサイトが自発的にリンクを張りたくなるような、価値があるコンテンツを作成しなければ、そもそもリンクは発生しないのです。あなたが準備したコンテンツがリンクを増やすのであり、サイトやページと呼ばれる構造が自

動的にリンクを産み出すわけではないのです。そのため、コンテンツをソーシャルメディアで共有したり、見つけられやすくするために検索結果の最適化を行ったりすることで、結果として「被リンク」「インバウンドリンク」を得る可能性を高めるようになるわけです。

引用される、共有されるコンテンツはどんなものなのか？ 業種によってさまざまで、コンテンツ制作を続けていく上で法則めいたものは見つかってくるのですが、一般的な傾向として見られるものを一部挙げておくと次のようなものがあります。

・定義・説明的コンテンツ
・オピニオンがはっきりしたコンテンツ
・読んだ人が自分の意見・考えを述べたくなるような内容・文体のコンテンツ
・引用されやすいフォーマット（文章区切りなど）を持つコンテンツ

結局は、読んだ人がそのコンテンツで刺激を受けて使いたくなるかどうかということがポイントになるので、英語で言う Thought leadership（考え方や発言などで人々を導く態度）を持って文章を作れるかどうかにかかってきます。「キュレーション」という言葉が流行り、国内外のサイトの情報を引用したり、翻訳をするだけのブログコンテンツなどを見かけることがありますが、そういったものは、結局はニュースとして消費されたり、短期的にソーシャルメディアで共有されるだけで、他のブログやサイトに「引用」されて長期的にSEO効果も高いのは、やはりオリジ

ナルに作られたコンテンツです。自社でオリジナルコンテンツを作って「被リンク」や「インバウンドリンク」され、強い Off-Page SEO を構築し、検索結果上位を得て、質のいい見込み客を集められるようにしましょう。

例）HubSpot "Page Performance" 機能を使った、インバウンドリンクの把握

　SEO 対策については、Google が公式に発行している『Google 検索エンジン最適化スターターガイド』という eBook があるので、そちらも参考にしてください。

(4-2)
http://googlewebmastercentral-ja.blogspot.jp/2010/09/seo.html

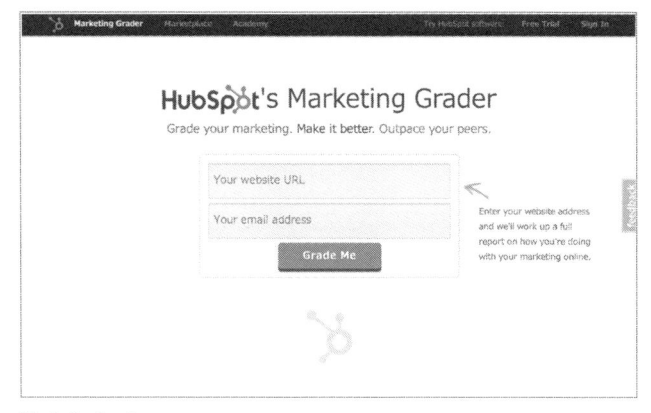

Marketig Grader

なお HubSpot では既存のサイトについて、こうした側面を含めた診断をしてくれる Marketing Grader というものを提供しています。ご興味のある方は欄外の URL にアクセスして、自社サイトの「インバウンドマーケティング度」を診断してみてください。

コンテンツ面での見直し

以上で SEO などテクニカルな側面での基礎的理解は進んだと思いますが、コンテンツが重要とは言ったものの、実際どのようにサイト内コンテンツを見直せばいいのか、よくわからないと思いますので、ここで簡単にポイントを述べておきます。

まずは最初の5つのトピックを思い浮かべてください。「どのようなコンテンツを作るのか」「ライフステージに応じたマーケティング」「個別に対応したメッセージ」「マルチチャネル」そしてそれらの「統合化」。ポイントは、顧

(4-3)
http://marketing.grader.com/

客のペルソナごとに、そしてライフステージに合わせたコンテンツが提供されているかどうかという点にあります。「弊社はお客様の個別のニーズに合わせて、高品質で低価格なサービスを実現します」とか、「当社のミッションは、不確実な将来に向けてよりサステイナブルな社会を創造し……」といった文言がトップページに書いてあるサイトをよく見かけますが、はっきり言ってそれらは、「課題を持ってサイトを訪れる」人に、その課題と関係のないメッセージを読ませてしまっていることになるのです。

　ウェブサイトというものは、町中のお店のように"ふらっと偶然"訪れるということなどないのです。何かの課題を持って検索をした結果サイトを訪れたのか、どこか興味関心に合った他のサイトから関連サイトとしてたどってきたのか、いずれにしてもサイト来訪の背景には必ず「コンテクスト（文脈）」が存在します。ペルソナで表した人物像の人が、どういったコンテクストでサイトにやってくるのか……。それを考えた上で、サイト内のコンテンツを再設計することが大事でしょう。特に、今の企業サイトは「企業案内」「商品・サービス案内」だけがコンテンツとして設置されているものが多く、サイト来訪者にとっては、ほとんど何の課題解決にもなっていません。

　人々がどういった課題を持ってサイトを訪れるのかをイメージして、サイト内の構造も含めてコンテンツを見直してみてください。それが、企業視点のサイトから来訪者視点のサイトへと生まれ変わるための第一歩です。そしてまた、初めて訪れる人だけでなく、見込み客や顧客にとっても、課題解決につながり、役に立つ情報があるサイトであるようなコンテンツ設計をおすすめします。

見込み客や顧客がたどる文脈・道筋を地図化したものを「カスタマージャーニーマップ（Customer Journey Map）」と呼び、UX（ユーザーエクスペリエンス）を重視したサイト設計の場合によく使われる概念です。本書では紙面の都合上割愛しますが、より深堀りしたい方は、上記キーワードで検索をしてみてください。

3）ブログを構築する

会社案内や商品・サービスについて説明したリーフレット、広報誌に至るまで、社外の人々に情報を伝えるための自社媒体というのはこれまでも存在しました。

しかし紙の媒体だと、記事に十分なスペースが割けなかったり表現手段が文字とイラスト、写真だけに限られるというような物理的な制約があります。また、印刷や製本などの制作コスト・配送コストもばかになりません。

また、1つの情報パッケージにして相手に届くまで時間もかかるので、相手が読みたいタイミングに手に取ってもらえるかどうかもわかりません。その点、ブログであれば、トピック単位で記事を構成しやすく、ソーシャルメディアやRSSというものを通じて、継続的に読者を増やすことができるとともに、非常に安価に自社メディアを持つことができるようになります。もちろん、検索結果にてブログ上の記事が「見つけられる」ことも想定し、情報ニーズが発生したときに記事を読んでもらえるようにすることで、見込み客化や顧客化がしやすくなります。

- **ブログを書く立場**

　ビジネス上のブログを書くときに重要なのは、"Think like a publisher" だとか "Think like a journalist" と言われます。雑誌の編集者やジャーナリストになったかのように考えて書くのがよいということです。あるいは、パナソニックの「制御機器コールセンターのブログ」のように、Q&A 的なものに応えるという立場でブログを作っていくケースもあります。

　重要なのは、ブログの記事ではプロモーションそのものを目的にしたものは書かないということです。あなたが読者だとしても、わざわざ時間を割いて、企業の宣伝物で散りばめられた記事を読みたくはないでしょう。一方で、もし、そこにあなたにとって役に立つ情報や興味を満たしてくれる情報が書かれていたとしたら、その記事を書いている企業・組織に対していい印象を持つかもしれません。

　最初に設定した「ペルソナ」というのは、雑誌でいうところの"読者"像でもあります。その"読者"に対して記事を作って提供する編集長・編集者やジャーナリストの立場として、ブログの運営を進めていってください。

　その日、社長が何を食べたかとか、会社内の行事でこんなことがあったといったような広報ブログとは、まったく意味が違います。あくまでも、ビジネスにつながるようにするのが、インバウンドマーケティングにおけるブログ運営の目的です。

(4-4)
http://ac-blog.panasonic.co.jp/

ブログの記事を作るときの注意点

ブログでは常に、「ペルソナ」と「戦略キーワード」を想定した上で記事を書きます。

・誰に向かって書いているのか？
・その人の顧客化までのステージは今どの位置？
・想定読者が持っている課題は何か？
・想定読者の課題解決として何を提示するのか？
・タイトルや文章中に含む戦略キーワードは？
・その記事を読んだ結果、読者にはどうなってほしい？
・そのブログに埋め込むCTA（Calls-to-Action）は？

上に挙げたのは、ブログを書く上でポイントとなる項目です。実際の記事は、社内で書かれることもあるかもしれませんが、一方で外部の専門のライターにアウトソーシングすることもあるでしょう。そういうときには、こうした情報を共有したうえで書いてもらうことにするのです。

上記のうちCTAというのは、「ランディングページ」などに誘導するため、ブログの記事の最後に埋め込むボタンや画像のことを指します。詳しくは後述しますが、単に記事を読んで満足してもらうだけでなく、名前や連絡先などのプロフィール情報をお借りして、今後も連絡が取れる状態にしないと、見込み客育成もできないのでビジネスにつながりません。記事と関係したeBookなどと、それをダウンロードするためのランディングページを準備し、そこにつながる「CTA」を設置するまでが、インバウンドマーケティングにおける「ブログを書くこと」なのです。

・ブログを始めるときのプラットフォームは何がいいか？

　日本ではいくつかの無料ブログプラットフォームが存在し、それらを利用してビジネスのブログを書いている方も多数見受けられます。しかしながら、インバウンドマーケティング的には、WordPress や MovableType といった専用のブログ構築プラットフォームを使うか、あるいは HubSpot のようなブログ構築機能を持ったマーケティングプラットフォームを利用することをおすすめします。

　これらのツールは CMS（コンテンツ管理システム）(4-5)として、HTML などの知識がなかったとしても簡単にコンテンツを更新することが可能なだけでなく、検索エンジンに見つけられやすい、結果として想定される見込み客に「見つけられやすい」構造を持ったコンテンツを半自動的に配信してくれるという特徴があります。

　また、これらのプラットフォームを使う最も重要なメリットとして、先ほど述べた、見込み客化のための「CTA」などを設置できるということがあります。無料のブログプラットフォームでは、こうしたボタンの設置は基本的に許されません。もし CTA がなかったとしたら、見込み客のリストを作ることができず、PV（ページビュー）だけを見て、なんとなくブログが読まれてることに満足しているだけとなり、ビジネスにつながる保証はありません。その

(4-5)
Content Management System。テキストや画像など、ウェブコンテンツを構成する各要素を一元管理するためのシステム。

ため、多少の手間はかかるものの、やはり自分たち自身でブログを構築するほうがよいのです。

▪質の高いコンテンツとはどのようなものか？

インバウンドマーケティング視点で書くブログの記事とはどのようなものか。人々に見つけてもらうために何を書けばいいのか。すでに述べた想定読者に対する記事制作の態度とともに、意識しておきたいのが、トラフィックを呼び込んで見込み客化していくための要素です。理想的なブログの記事に共通するとされているポイントがいくつかありますので、以下に列記します。

①想定読者の興味を引くタイトル

ブログの記事タイトルは、検索結果やソーシャルメディア上で共有されたときに、最初に人の目に触れるものとなります。それゆえに記事の内容をはっきりと簡潔に示したものである必要があります。ただし、目を引くことが大事だからといって「煽り系」の言葉ばかり並べることはおすすめしません。

タイトルで興味を引いても肝心の中身が読者の役に立つものになっていなければ、かえってよい印象を与えないということにもなりかねません。

あくまでも読者の興味関心が最初にあって、それに応える記事を用意し、内容を的確に表したタイトルをつけるという誠実な姿勢に徹しましょう。その上でタイトルの中に、戦略キーワードを入れることができればなおよしです。

②読みやすい文章とフォーマット

　ブログの記事本文は、想定読者が読みやすいような内容と文体で書かれることが求められます。
「ですます」の使い方や言葉の選び方、文章の長さなど、相手が理解しやすく読みやすいようなものを選びます。もし業界の中で、参考になるような文章（例えば自社や他社のパンフレットやサイト、及び業界メディア）があれば、それらが持っているトーン＆マナーも検討材料に入れてみるのもよいでしょう。

　また、アクセス解析の結果、スマートフォンで読まれることが多いと想定されるような業界の場合は、それも前提にした上で、文章の長さやパラグラフの構成を考えてみるべきです。

　もし、やたらと文章が長い場合は、最後まで読まれることもなく、CTAにたどり着くこともできないと想定されるからです。記事の内容だけでなくそのフォーマットについても、想定読者のことを考えながら構成してください。

③テキストだけがコンテンツではない

　ブログの記事をより印象づけるためには、文章の内容に関連した画像を使うことも考えましょう。ただし、パソコンであれスマートフォンであれ、記事の読み込みスピードが遅くなるので、原則的には1投稿に対して1画像としておいたほうがよいと思います（この画像には先ほど説明したようにちゃんと記事内容と関連した"Altテキスト"をつけましょう）。

あるいは画像の代わりに、YouTubeのような動画共有サイトに関連した動画をアップロードし、それらを記事内に埋め込むというのもいいでしょう。また、記事に関連するスライドをSlideShareにアップロードし、それを埋め込むという方法もあります。

想定読者にとって、どういったコンテンツフォーマットを使えば最も価値あるものになるのか、テキストだけでなく、画像や動画なども含めて考える。この意識も大事です。

④関連したリンクが入っている

記事中にて出てくる言葉や内容に関連したリンクがあれば、読者の興味関心をより深く満たすことができるかもしれません。専門用語を説明するページへのリンクや、自社内の関連するページへのリンクを、読者のために設置しましょう。

⑤ CTA: Calls-to-Action

すでに何度も出てきてるCTAですが、これがブログにないとサイト訪問者をランディングページに誘って見込み客にすることができないので、きちんと設置しましょう。もちろん、ただ置けばいいというものではありません。CTAに記述されるメッセージは、ブログ記事の内容とオファーされるeBookなどをつなぐものでなければ機能しません。つまり、ブログの記事を読んで興味関心を持った読者に対して、その情報欲求や好奇心をさらに高めるような別コンテンツがあることを知ってもらうようにすること

が望ましいのです。

▪「書くことがない」という悩みにどう向き合うか

　ブログなどを通じてコンテンツマーケティングを行っていくときに、クライアント側から必ずと言っていいほど出てくるのが「書くコンテンツがありません」「ネタがなくなって長続きしないと思う」といった言葉です。これについての解決策は次のようになります。

　まず「書くことがない」という人に対して、私はいつも、「見込み客や顧客に聞かれる質問をネタにするところから始めましょう」と伝えています。

　「ペルソナ」の設定に際して営業やコールセンター部門の人たちへのヒアリングが役に立つということを述べました。彼らが日頃、お客さんからどういった話をよく聞くのかを把握しておくことは、インバウンドマーケティングでは、そのままコンテンツ作りにも役に立ちます。人々が探している答えをそのままコンテンツにできてしまうのですから、これを利用しない手はありません。まず10個の質問・課題をピックアップすることから始めてみましょう。つまり、それに答えていけば、少なくとも10本のブログ記事が書けるということです。

　次に「長続きしない」という人には、コンテンツカレンダーを作ることをおすすめしています。

　実は私は学生時代に、とある情報誌に5年間バイトで出入りしていたことがあるのですが、その際に学んだのが、毎月毎月発行される雑誌には、決まった連載があったり、特集も第一特集、第二特集、第三特集といった"フォーマット"がある、ということでした。一般的に出版・新聞・

印刷業界には"台割（だいわり）"と呼ばれる、どのページにどういった構成でどういった内容を入れるかを決める表のようなものがあります。これと同じ発想をブログにも応用してみましょう。概して、一度ブログの記事を書いて、また次を書いてといったように、"コンテンツの自転車操業"をしていると、すぐにネタにつまります。そうしたやり方ではなく、毎月のスケジュールとそれぞれの日程ごとに、どういったテーマを書くのかを決めておくのです。これだけでネタに困ることがグッと減ります。

ここで使う"台割"を「コンテンツカレンダー」と呼びます。月ごとに、どのようなコンテンツを展開するかを一覧にした表です。簡単な例を以下に示しておきました。

毎月、この中身が決まるように社内および外部のライティングスタッフを交えた"編集会議"を持つのがよいでしょう。その際には、それぞれの記事の中身を決めるだけで

第1月曜日	第1火曜日	第1水曜日	第1木曜日	第1金曜日
業界内のニュースからの考察			専門用語解説	

第1木曜日
専門用語解説
【想定読者】
・業界の若年層で＊＊について勉強中な人たち
【戦略キーワード】
・××××、▲▲▲▲
【設置するCTAは？】
・eBook「○○○○」

第2月曜日	第2火曜日	第2水曜日	第2木曜日	
数値データによる業界分析			業界トレンド情報	

第3月曜日	第3火曜日	第3水曜日	第3木曜日	
業界内のニュースからの考察			ケーススタディ	

第4月曜日	第4火曜日	第4水曜日	第4木曜日	第4金曜日
インタビュー記事			外部からの寄稿記事	

コンテンツカレンダーは月単位で設定するのが望ましい。
それぞれの項目については、内容と想定読者、戦略キーワード、CTAまで記入する。

コンテンツカレンダーの簡単な例

なく、想定読者や戦略キーワード、CTAなどを共有することが重要です。ビジネスでブログを設置するのは見込み客の獲得のためであって、「読んでもらったらブランディングになる」といったことだけではないのです。見込み客の獲得までできていればここでいう「ブランディング」もできているのです。

　こうしたコンテンツカレンダーはできれば3カ月ぐらい先まで見据えて作られているとなおよいでしょう。というのも、個人ブログと違い、ビジネス上でブログを書くということは関係各所に確認を取った上でないと公開できないことも多いからです。記事ができてから1週間も2週間も確認期間が必要になることもあります。こうした確認期間を踏まえた上で、コンテンツカレンダーから逆算して、今度は具体的なコンテンツの制作スケジュールを作る必要があります。これはいつまでに第一稿となる記事を完成させ、レビューをし、各所に確認をとり、公開するのかをスケジュール化したものです。「コンテンツカレンダー」はあくまでも「公開日」を並べたものであって、制作スケジュールは別途必要となるので、この点は注意してください。

　ちなみに、コンテンツの配信頻度は高いからいいというわけではありません。

　HubSpotが毎年出している調査"STATE OF INBOUND MARKETING"の2013年版によれば、週に2〜4あるいは月に2〜4回の頻度で定期的にブログコンテンツを公開（publish）しているしている企業は、それぞれ40％台でした。インバウンドマーケティングを実施するうえでのブログコンテンツの配信頻度として、参考にされればよいでしょう。

4）ソーシャルメディアを使う

ソーシャルメディアマーケティングの専門業界では、お客さんとの「エンゲージメント」のためにソーシャルメディア上でのコミュニケーションを行うということが目的化される傾向があります。もちろんインバウンドマーケティングにおいても、それらを重視はしますが、エンゲージメントのためだけにソーシャルメディアを使うという考え方はしません。
「インバウンドマーケティングの実施において理解しておくべき5つのポイント」でも説明したように、インバウンドマーケティングでは、メールやサイト、ブログなど複数のチャネルを使ってコミュニケーションを取るので、ソーシャルメディア上での対話だけにこだわることはしないのです。

インバウンドマーケティングにおけるソーシャルメディアの利用目的は、主に次の2つです。

・ブログやサイトの"読者"を維持するため
・コンテンツマーケティングにおける"ネタ"を集めるため

最近では「RSSリーダー」と呼ばれるブログ購読ツールを使ってブログの更新情報を見る人は、以前と比べて相当少なくなった気がします。一方で、企業の公式アカウントやページを通じて、それらの最新情報を得る機会が増えていることは、本書の読者であれば実感していることかもしれません。

ソーシャルメディアはトラフィック作り、コンテンツ拡散には威力を発揮するものの、長期的な視点で SEO を考えた場合には、コンテンツ資源はブログやサイトに集中したほうがよいと考えられます。

　インバウンドマーケティング的には、ソーシャルメディアにはブログの記事のサマリーとリンクを投稿し、"読者" を維持するために使うのがまずよいでしょう。

　もちろん、それらの記事によってソーシャルメディア上で起こった反応には応えるようにすればいいのですが、ソーシャルメディアを中心にコンテンツを展開した場合には、結局は検索結果で「見つけられる」ような「コンテンツ資産化」が難しくなってしまうので、それぞれのプラットフォームやツールの特性を生かした使い方を考えるべきなのです。それが、「ブログやサイトの "読者" を維持するため」という意味です。

　次に「コンテンツマーケティングにおける "ネタ" を集めるため」というのは、HootSuite や HubSpot の Social Inbox などのソーシャルメディアをモニタリングするツール、あるいは Google アラートのようなツールを使い、業界に関係するキーワードを拾い、どのようなトレンドがあるのか、どういったキーワードに人々が注目しているのかを把握し、コンテンツ制作に生かすということです。もしこの活動を通じて、自社製品に関しての課題が存在していることがわかれば、関係各所に伝えるだけでなく、その課

(4-6)
ウェブブラウザで使える高機能なソーシャルメディア管理ツール。有料版と無料版がある。https://hootsuite.com/

題に応えるようなコンテンツを作り、ブログの記事として発表するということもできます。

以上が、インバウンドマーケティングにおけるブログ運営の基本的な考え方と手法です。

実践2. Convert（見込み客化する）

Attractの段階の次は、サイト来訪者を見込み客にするためのConvertの段階になります。インバウンドマーケティングにおいて、検索結果などで「見つけられる」ことと同じぐらいに重視されるのが、「見込み客リストを作る」ことです。

2012年の5月にサンフランシスコで開かれた"INBOUND MARKETING SUMMIT"に参加した際、ある登壇者が参加者に次のような質問をしました。「あなたたちはどうしてインバウンドマーケティングをやっているのか？」と。参加者から次々に上がったのが「Lead!（見込み客）」という声。つまり、日本ではSEOや検索連動型広告、またその他のディスプレイ広告でさえ、一般的に「すぐに買ってくれるお客さん」を対象にしたマーケティング活動と化しているのに対し、インバウンドマーケティングを先に実践している人々は、「見込み客を獲得するため」にマーケティング活動を実施していると、明確に答えたわけです。

この背景には、マーケティング活動によって「見込み客リスト」という「資産（Asset）」を形成していくという考え方と、毎回毎回、広告枠を通じて新しい「購買者」に

買ってもらうことだけに注目するという考え方の相違があるように思えます。

「見込み客リストを作りましょう」という話をすると、日本のクライアントは得てして「そんな長期的な視点よりも今目の前のお客さん」と考えてしまいます。「見込み客」＝先々でないと買ってくれないお客さん、という先入観があるからでしょうか。でも実際は「見込み客」を集めるといっても、何も長期的視野でしか考えないということではありません。インバウンドマーケティングは、何らかの情報を探している人を主な対象としたマーケティング活動なのですから、「見込み客」といっても"今すぐ"買いそうな人たちから、先々に買ってくれそうな人たちまで、すべてが対象となります。今までも対象としていた人たちに加えて後者の「先々に買ってくれそうな人たち」まで含むというところを理解してください。

現に弊社（マーケティングエンジン）自身もインバウンドマーケティングを実施していますが、サイトへの初来訪から1ヵ月以内にビジネス機会（商談）につながるようなケースが週に数本あります。これらについては見込み客育成ステージをスキップして、いわゆる一般的に言われるコンバージョンにつながるケースです。それ以外は「見込み客リスト」の中に入っていってどんどん蓄積されていくわけですが、つまりこれは「今すぐの機会」と「これからの機会」、両方を手に入れているということです。

では、サイト来訪者を見込み客にするために、インバウンドマーケティングではどのようなやり方を取るのか、それを今から説明しましょう。

1）オファーの設計

まず最初に考えなければいけないのは「オファー（Offer）」です。「オファー」というのは、こちらから申し出たり捧げたりする提案やモノのことを指します。日本語には訳しにくいのと、インバウンドマーケティングの世界ではよく使われる言葉なので、本書でもこのまま「オファー」と書いて説明を進めます。

典型的な「オファー」の例には、次のようなものがあります。

- ダウンロードコンテンツ（ホワイトペーパー、eBook、チェックリスト、テンプレートなど）
- ウェブセミナー Webinar
- 無料コンサルティング
- トライアル／デモ
- クーポン／割引

これらのオファーは、後述するランディングページにおいてプロフィール情報を入力することで、それと引き換えにサイト来訪者が入手する権利と考えてください。サイト来訪者にとっては役に立つ情報が無料で手に入り、それを提供する事業者にとっては見込み客のプロフィール情報が手に入る、そんなトレードを成立させるためのアイテムが「オファー」なのです。この「オファー」を企画する際に知っておくべきポイントは、次の２つになります。

①オファーの内容そのものによって、見込み客のリスト

の中身が変わる
　②オファーはサイト来訪者や見込み客のステージによって変わる

　まず1の「オファーの内容そのものによって、見込み客のリストの中身が変わる」ということから説明します。
　例えば、もしあなたが中古住宅を販売している事業者だとしたら、欲しい見込み客は「住宅購入を検討している人」ないしは「中古住宅購入を検討している人」となるでしょう。前者の場合は新築か中古か関係なく両方の選択肢を検討している人であり、後者はすでに中古住宅に絞って検討している人ということになります。「住宅購入を検討している人」にとっては新築と中古、それぞれのメリットとデメリットを理解した上で納得して購入をしたいはずです。とすると、前者に対するオファーとしては、例えば『新築と中古、どっちがいい？　そのメリットとデメリットを不動産鑑定士が分析する！』というeBookなどが最適でしょう。一方、すでに中古住宅に絞って検討している人に対しては、『中古住宅購入の際の25のチェックポイント』というチェックリストをダウンロードコンテンツとして提供するといったオファーがよいでしょう。
　このように、ペルソナが複数存在する、つまり見込み客が複数想定される場合には、1つのオファー（eBookなど）ですべての見込み客を取ろうとせず、それぞれに情報ニーズに合わせたものを用意してランディングページで提供し、それぞれ性質の違った見込み客リストを作ることができるようになります。そうすることで、それぞれに適したアプローチがこのあとも可能になるということを理解して

おきましょう。

2の「オファーはサイト来訪者や見込み客のステージによって変わる」についても、同様に住宅の件で説明を進めます。先ほど、すでに中古住宅購入を検討している人に「中古住宅購入の際の25のチェックポイント」を用意することでプロフィール情報を得るきっかけになると述べましたが、この人は購入に近くなればなるほど、より具体的な情報が欲しくなるかもしれません。例えば、興味を持った地域の近隣情報やハザードマップなど、住んだときのイメージをふくらませる情報を求めるように、その人自身が変わっている可能性があるのです。これらの情報は、不動産業界であればすでにネット上で公開しているケースもありますが、それをまとめてダウンロードコンテンツにするのもいいかもしれません。

以下に、顧客のステージごとに考えられるオファーの例がまとめてありますので、これを参考に企画してみるのもよいでしょう。

「オファー」については最後にもう1つ、次のことを念頭に置いてください。それは「そのオファーは、プロフィール情報を入れたくなるぐらい役に立つものとなっているか？」ということです。

サイト来訪者にしてみれば自分自身の貴重な情報を渡すわけです。オファーにその価値がないなと思ったら、ランディングページに進んでくれません。そうなれば、あなたも見込み客リストを増やしていくことができないわけです。なので、自分たちが今後つながっておきたい人々が欲しい情報なのかどうかということを、ペルソナなどを用いて熟慮し、eBookやウェブセミナーなど「オファー」の企

情報収集ステージ	比較検討ステージ	評価ステージ
例）サイト来訪者にとっては、興味関心を満たすレベルの情報を探すステージ	例）見込み客にとっては、対象企業の持っているようなソリューションが自分のニーズにあっているかどうかを理解したいステージ	例）見込み客にとっては、実際に付き合う相手として、購入する相手として、妥当かどうかを評価するステージ
無料ホワイトペーパー 無料ガイドブック／予測資料 無料 eBook 無料チェックリスト 無料動画 上記をまとめた"キット"	無料オンラインセミナー ケーススタディ集 無料サンプル 無料ガイドブック 商品スペックシート カタログ	無料トライアル デモ 無料コンサルティング 見積作成 クーポン

見込み客のニーズとフェーズにあったコンテンツ展開

ステージごとのオファー

画を進めてください。

2）Calls-to-Action

　CTA（Calls-to-Action＝行動を呼び起こすもの）として「オファー」のあるランディングページへ導くためのリンクやボタン、バナーは重要です。これらは、サイトのページやブログ、メールや eBook の中など、どれにも設置することができますが、それらに書かれたコンテンツと関連していることが望ましい。というのは CTA は見込み客の獲得（Lead Generation）と見込み客の育成（Lead Nurturing）の両方を支える重要な要素だからです。

　サイトを訪れた人を見込み客にする、ないしは既存の見込み客を次のステージに育成するために、「オファー」として、見込み客のステージに応じたコンテンツが提供されることが重要ですが、そもそもどんなコンテンツを企画・制作したところで、それらの存在を知らせることができな

■■ Chapter 4 実践・インバウンドマーケティング

CTA の例

ければ、見てもらうことはできません。

また興味関心のないコンテンツについて教えられても、それを手に入れようと思うことはないでしょう。なので、サイト訪問者や見込み客が見ている・読んでいるコンテンツに合わせたオファーと、それを導く CTA の関連性は非常に重要です。

効果的な CTA は、次に挙げるような要素が入っている場合が多いので参考にしてください。

- Relevant
  読者(サイト来訪者・見込み客)が見ているコンテンツとの相関性がある
- Action-Oriented
  取るべき行動が書いてある。「ここからダウンロード」「申し込みはこちら」「今すぐ始めましょう」etc
- Conveyed Value
  オファーの価値が伝えられている
- Urgency

「今日から」「今すぐ」といった直近を表す言葉が入っている

・Personal
個人に話しかけるようなメッセージ性がある
・Testimonials
他の人の評価・推薦が入っている
・Numbers
数字が入っている。「15のチェックリスト」など。
・Newsworthy
タイミングが合ってニュース価値がある
・Your Language
業界・カテゴリーに応じた言葉が入っている
・Questions
質問するようなメッセージが入っている
・Subtle
簡潔である

またCTAについては、クリック率などを計測し、常に効果を見直すようにしてください。でなければ、わざわざサイトに来た人をランディングページに導くことなく帰してしまうことになるからです。このことに気をつけないと、マーケティング活動の価値が下がってしまうことはもうおわかりでしょう。CTA運用は質のいい見込み客を獲得し、顧客にするために、非常に重要なことなのです。

3）ランディングページ

インバウンドマーケティングにおける「ランディングペ

ージ」は、サイト来訪者や見込み客が自分のプロフィールなどを入力し「オファー」を入手するためのページです。従来のSEOやネット広告で言われていたランディングページが資料請求や購買に結びつけるものだとしたら、インバウンドマーケティングにおける「ランディングページ」は見込み客のリストを構築するためにあります。

ランディングページは、オファーの内容説明とプロフィールを入力してもらうフォームで構成されます。それらは簡潔で魅力的な説明文と、必要十分な入力情報で構成するようにします。また、可能であれば文章の構成や中身が違う2つのページを用意し、A/Bテストを行って、より効果的なほうを選ぶのもよいでしょう。

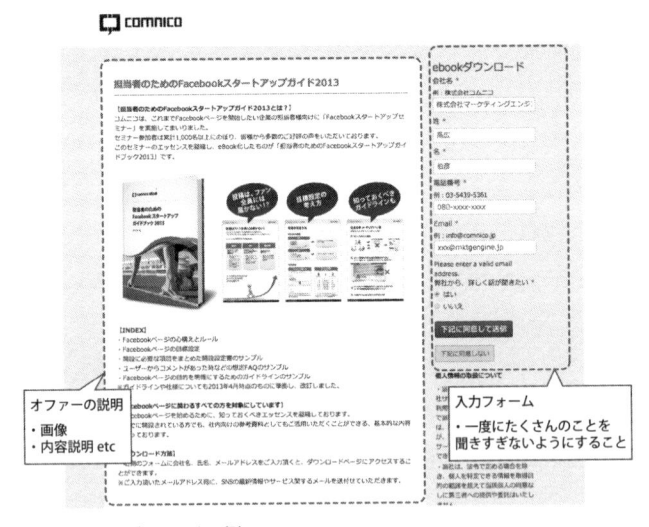

ランディングページの例

実践3. Close（顧客化する）

　クロージング、つまり見込み客が顧客になるまでのステージで重要なことは、むやみな押し売りよりも、相手の購買タイミングにおいて自分たちのほうをちゃんと向いてくれるようにすることにあります。リードナーチャリング（Lead nurturing）は見込み客の「育成」と訳されますが、実際には「育成」というよりも、見込み客と自社との「関係発展」のために各種施策を行うのがこのステージです。このステージで重要な施策とツールとしては、

- ・メールマーケティング
- ・適切なリスト構築
- ・適切なコンテンツ提供
- ・パーソナライズされたメッセージ
- ・リードスコアリング
- ・行動に応じたマーケティングオートメーション

などが挙げられます。

　前章でも説明したように、インバウンドマーケティングにおけるリードナーチャリングは、従来のそれと大きく違うポイントがあります。

　リードナーチャリングは何らかのマーケティング活動や営業活動によって構築された「リスト」に基づき、メールなどのツールを用いて継続的なコミュニケーションを取って見込み客を育成していくわけですが、今まではその「リスト」構築の方法が、セミナー開催時の参加者リストや展示会で集めた名刺、他の営業活動で収集された名刺による

ものだったのです。それらの施策で集め構築されたリストの人々が、あなたの商品やサービスの方向を向いているとは限りません。誤解を恐れずに言えば、これまでのリードナーチャリングは、「あちらを向いている人をこちらへ振り向かせる」ためのアウトバウンドなマーケティングの1つの戦術にすぎなかったわけです。

　一方、インバウンドマーケティングにおけるリードナーチャリングは、自社のサービスや商品に関係のあるコンテンツを提供し、そこから得られた見込み客リストに基づき「(最初から)こちらのほうを向いている人に対して、より前のめりになってもらう」ことを目指します。それゆえ、インバウンドマーケティングで形成される見込み客リストは

- そもそも質の高いリードである
- クロージングまでの期間が相対的に短い

という特徴があります。別の言い方をすれば、インバウンドマーケティングは、「見込み客の獲得(リードジェネレーション)」の方法を変えることで、「見込み客の育成(リードナーチャリング)」の方法を変えることができるマーケティングなのです。

　弊社に問い合わせに来るお客さんの中にも、リードナーチャリングにおける悩みを持っている企業様が多くいらっしゃいますが、いくらリードナーチャリングの施策をいじったり、あるいはリードを細かくセグメントしたところで、本質的な解決にはなりません。質のいい見込み客を集める方法がなければ、いいリードナーチャリングは難しいので

す。では、この Close に向かうステージ、リードナーチャリングから顧客化へのステージに使うツールや手法について、以下でお話ししましょう。

1）相手に合ったメッセージをパーソナルに

　Close のステージで最も多用されることになるのがメールでしょう。ただし、定期的にかつ一斉配信で送られるメルマガは、見込み客の興味関心の発生タイミングと必ずしも一致することはなく、開封されることが難しいかもしれません。最近のメールツール、例えば Gmail や Yahoo! メール、Outlook.com（旧 Hotmail, live メール）などを使っている受信者であれば、不要なメールは自動的に判別され、スパム対策フォルダに放り込まれる恐れもあります。

　セス・ゴーディンが唱えた「パーミションマーケティング」は、「メールを送っていいよ」と許可をくれた人だけに、「これとこれに興味がある」ということを教えてもらった上でメールを送りましょうというアイデアでした。土足で他人の家に上がりこむように無作法に送りつけられるそれまでのメールと異なり、当初この方法は、非常に効果的だったのですが、現在は少し状況が変わってしまいました。1 人の人が 1 日あたりに受け取るメールの総数がとんでもなく増えてしまったので、いかにパーミションを得て送られたメールとはいえ、以前と同様には見てもらえません。また、確かに登録時に興味関心情報は聞いているものの、それがその後ずっと続くとは限りません。結局、「パーミションマーケティング」のアイデアだけで効果が出るようなメールマーケティングができる時代ではなくなって

しまったのです。

　一方で、メールマーケティングは進化しており、メールアドレスを借り受けている人々の行動に応じたメール配信が可能なツールもできています。例えばよくあるのが、以前に送ったメールが開封されたのか、それとも開かれなかったのか、あるいはメールの中のリンクをクリックしたのかどうか。またあるツールでは、サイト内のページのどこを訪れたのかに応じて、次に配信するメールの内容とタイミングを変えるといったことさえできます。

　このように、人々の行動をベースにしたメールマーケティングのシナリオを作り、それに応じた施策を実施するのが、このステージでの最も大きな仕事です。

　ただ、見込み客の行動というのは時期も中身もバラバラになることが多いので、それらに対して手作業で対応するのは非常に大変です。そのため、「マーケティングオートメーション」というツールを使い、事前に設定したシナリオに応じて、見込み客の行動が発生したタイミングでメールを配信するといったことが、自動化されるようになっています。
「マーケティングオートメーション」機能によって、例えば「商品Aのページを見た人に対して、商品Aの導入事例を書いたeBookのダウンロードリンク付きメールを、ページ閲覧後24時間後に送る」とか、「価格帯についてのページを見た人に対して、他社商品との料金比較について書いたメールを12時間後に送る」といったことが簡単にできるのです。

　大量のメールアドレスのリストに対して一括で、相手の

タイミングに関係ない内容のメールを送るより、上述した見込み客の興味関心とタイミングに合わせて適切な内容のメールを送るという手法のほうがスパムになりにくく、開封されやすいのは当然です。

　繰り返しますが、このマーケティングオートメーションを使ってシナリオを実行するときにも、企業側のタイミングよりも受け取る側のタイミングを重視し、「相手の興味関心が継続しているであろう期間中に、それに関連したメッセージを送る」ことを念頭に置かなくてはならないのは、言うまでもありません。「lovable（好かれる）なマーケティングをしよう」というインバウンドマーケティングの考え方は「相手に嫌われないようにする」という姿勢から始まります。

　ランディングページでメールアドレスを手に入れた瞬間、すぐに営業活動をかけたくなる気が起きるかもしれませんが、そこはぐっと抑えて、まずは相手との関係性を構築することに努めましょう。見込み客との関係は、男女関係や友人関係と同じく、人間対人間の関係のようにとらえるべきです。親しくない相手と親しい相手とでは、相手のこちらに対する態度も変わります。適切な情報を適切なタイミングで送る、気の利く会社であるように思われるようにならないといけません。そのためにはそれぞれのステージにある人々の興味関心・課題に合わせたコンテンツを準備しておくことと、パーソナライズしたメッセージで語りかけることがポイントとなります。

　メールにおけるパーソナライズしたメッセージというのは、例えば次のようなことに気をつけたものになります。

①会社名＋個人名で送信する

送信者名が企業名だと開封されにくい傾向があります。とはいえ、個人名だけで届いたメールを開いてみたら企業からの宣伝物だったとなると、だましているようでなおさら悪い印象を与えるかもしれません。そのため、送信者名は、［会社名］＋［個人名］の組み合わせとすることをおすすめします。

②返信先も見られている

意外と見られてるのが Reply-to 、つまり返信先のメールアドレスです。これが、info@ だとか、all@ など一斉配信を匂わせるようなメールアドレスだと、これもあまりいい印象を与えません。できるだけ、[個人名]@[会社名].co.jp などが望ましいのですが、普段使っている個人に割り当てられた企業メールアドレスだと、あなた自身のメール受信箱が溢れかえってしまったり、受信者とのやりとりが他のメンバーと共有されないので、メール配信用に個人名が入ったエイリアス（別のメールアドレス）を別に作るとよいでしょう。また、Gmail をベースにした Google Apps などのメールを使っている場合には、メールアドレスの@の前の部分に" +*** "をつけて対応する方法もあります。例えば、nori@abcdefg.jp というのが普段会社で使っているメールアドレスだとすると、nori+hello@abcdegf.jp のようにしてマーケティング専用のメールアドレスとすることができます。実際にはどちらも同じメールとしてGmail 上では受信箱に入ってくるのですが、メールの振り分け機能を使って、マーケティング用に作ったメールだけを受け取るフォルダを作って管理することも可能です。い

ずれにしても、企業ごとの状況に応じてこの点の対応をしてください。

③件名と本文の書き出しには相手の名を入れる

　一般的に件名と本文の書き出しは、相手の名前が入っていたほうがいいとされています。例えば件名に「＊＊様」と入っている場合と入ってない場合では、メールへの注目度合いが違いますし、また本文に関して言えば「ABC社にご登録いただいた皆様」よりも、「高広様」と始まったほうが、こちらのほうを見ている感じがします。ほぼすべてのメールマーケティングのツールには、メール配信リストのプロフィール情報の中から自動的に抽出して"[姓]様"と付け加えてくれる機能があります。これを使って「高広様、先日は弊社サイトにて＊＊＊＊＊の資料をダウンロードしていただきありがとうございました」といったメッセージを自動で作成するように設定します。

④署名も個人名が望ましい

　メールの最後に書く署名も、個人名と所属が書かれているほうが望ましいとされています。送るメッセージをパーソナライズすることの本質は、メールでのコミュニケーションを「人対人」のコミュニケーションにすることにあるのです。そのため、署名欄はできるだけ、個人名での署名をつけることにしましょう。

2）「ホットなタイミング」を見極める

　まずは見込み客との関係作りが大事だとは言うものの、

ただそれだけではいつ顧客化できるのか？　というのが問題になります。そこで、見込み客の状況に点数をつけて、その人がどのぐらいホットな状況、つまり購買に近いのかを把握する「リードスコアリング」を行います（この概念については前の章で説明したので、忘れてしまった人は少しページを戻ってみてください）。

　普通の見込み客（Lead）の状態から、マーケティング活動によって育成・関係性ができたMQL(Marketing Qualified Lead）になっているかどうか、などもこのリードスコアリングの考え方によるものです。

　インバウンドマーケティングでは、リードスコアリングによってホットな状態であるとされたお客さんに対しても、ホットだからといってメールや電話で攻撃することは好みません。ステージ別に「オファー」を準備すべし、ということはすでに書きましたが、購買意向が高まっているような見込み客に対しても「購入意向が高まっているときに必要な情報」あるいは「必要なトライアルやデモ」をまずメールなどで提示することをしましょう。そして、これらの「オファー」に対してのレスポンスは、担当者が受けるようにしておきます。

　その後、フォローのメールや質問などを担当者が受け付けることで、商談の機会を得るようにしましょう。実際、ここまでのプロセスにたどり着くと、電話営業によって獲得した商談機会と比べて、初対面であってもいかにスムーズに話が進み、かつ契約率、購買の可能性が高いかを実感できるようになります。

　「はじめに」で「自分たちで学習する消費者・購買者

(Self-educated buyers)」の話をしましたが、ネットがこれだけ普及し、情報を自由に欲しいタイミングで得られるようになった現在、商談機会に至るまでに、相手は相当学習した上で臨んでくるわけです。このことを理解しないマーケターあるいは営業担当者は、商談のタイミングで「弊社の商品はかくかく云々で」と説明することになってしまいますが、相手は内心、「そんなことはもうネットで見てわかってるよ」と思っているわけです。

こちらからアプローチする前に相手がこちらについてすでに調べているというのは今では、ごく普通のことになりつつあるのです。なので、これまでに見てきたようなやり方で、相手が情報を調べてるときに、参照される情報の1つとして自社のコンテンツがきちんとそこに入っていることが必要であり、クロージングの際にも相手がこちらのサイトのどのようなページをどのぐらいの頻度で見ているのかなどを把握し、「すでにわかっている状態の相手」として扱わなければいけないのです。

今の消費者・購買者は多くのことを知っている「情報富裕者」になっています。マーケティングも営業活動も、購買に至る直前まで、それを前提として見直さなければならないわけです。

実践4. Delight（顧客をより喜ばせる）

以前はインバウンドマーケティングといえば、「Get Found」のコンセプトのもと、検索結果やソーシャルメディアで「見つけられ」て、見込み客に顧客化するまでの部分のマーケティング活動を指していました。

しかしその後、インバウンドマーケティングの概念は拡張され、顧客をいかに喜ばせる（delight させる）のか、という点にまで及んでいます。

いわばインバウンドマーケティングにおける最前線・最新の部分がこの Delight ステージです。まだまだ発展途上な領域ではありますが、ここですべきことについて簡単に説明します。

すでに商品やサービスを購入しているお客さんに満足してもらう、あるいは購入してよかったと思ってもらうためには3つのポイントがあります。

1．商品やサービスそのもののよさ（Product）
2．企業と顧客のコミュニケーション（Communication）
3．商品やサービスの使い方への理解（Education）

1は言わずもがななので、インバウンドマーケティングに関わってくる2と3について説明しましょう。これらは商品・サービスの「体験」の一部になるものと考えてください。

まず、2の「企業と顧客のコミュニケーション」についていうと、一部の商材を除き、一般的には、何かを買ってしまったあとに企業からメッセージが届くということは稀です。残念ながら、現実としては、購入された時点でコミュニケーションが途切れてしまうのです。

多くの企業のマーケティングは「買わせる」ために行われるのであって、買ったあともお客さんに喜んでもらうために行うものではないのです。しかし、インバウンドマー

ケティングの最前線では、この状況までも変えようとしています。

インバウンドマーケティングを実践しつつ、マーケティングと営業活動を行うことを「Sales + Marketing = SMARKETING」と呼ぶと説明しましたが、これを実践することで、すでに顧客になった人々のデータももちろん蓄積されてきます。どういった経緯で商品を購入するに至ったのか、そのタイミングはという情報を保存しておくことも、もちろん可能です。これらがわかっているのであれば、購入後のフォローアップにも生かしましょう。

まずは「その後いかがですか？」という書き出しのメールを送ることから始めるだけでもいいのです。メールの内容は、顧客化までに生じた個々人の興味関心の経緯をもとに、実際、満足できる内容の商品・サービスだったかを確認し、不満点があればそれをうかがうといったものにするのです。最も悪いのは、顧客に対しての無関心です。「売ったら終わりですか？」と思われないよう、顧客化したあとも、きちんとあなたのほうからお客さんに対して、関心がある旨を伝えるようにすべきなのです。

そこで得られた意見が今後のマーケティングや商品に生かされることもあるでしょう。また、インバウンドマーケティング的に見れば、例えばそうしたコミュニケーションを行った相手が、こころよくケーススタディに登場してくれれば、新たなコンテンツが産み出されるかもしれません。

「商品・サービスについてネガティブな体験を持った顧客のうち48％は、そのことを10人ないしはそれ以上の人に

伝える」

　Harvard Business Review 2010年7月号でそんな調査結果を目にしたことがありますが、そもそもネガティブな体験というのはなぜ起こるのでしょうか。商品やサービスそのものから引き起こされるのでしょうか。これまで何度も言及してきたように、今の消費者・購買者というのは、事前に情報を仕入れ吟味した上で購入することが多いので、商品やサービスについてはどちらかというと、納得して手に入れていることが多いはずです。なのになぜ、ネガティブな体験が起こるのか。

　それは企業と消費者・購買者とのコミュニケーションにあると考えられるわけです。

　インバウンドマーケティングの"Delight"視点で、ネガティブ体験を避け、ポジティブな体験を与えられるように努めましょう。

　3の「商品やサービスの使い方への理解」でいえば、例えばHubSpotの場合、ユーザーに対して"Academy"という名前でHubSpotの活用に関する教育コンテンツやマーケティングの最新情報を頻繁に作って掲載しています。

　見込み客を育成するのと同じように、顧客も育成する。それがインバウンドマーケティングのDelightステージにおける「Education」の意味なのです。

　あなたの会社のウェブサイトやブログのコンテンツが、見込み客あるいは「まだ買ってない人向け」のものでしかなかったとしたら、ぜひ内容を見直してください。

　すでに顧客となっている人が再びサイトを訪れたときに満足が得られる情報はそこにあるでしょうか。商品の活用

法だけでなくQ&Aなど、もっと有益なコンテンツにするための工夫はいろいろと可能なはずです。顧客の興味関心・サイト行動に合わせたマーケティングオートメーションを応用して、例えば、顧客のAさんがあるQ&Aにたどり着いたことがわかれば、それに関連した情報をタイミングよくメールで配信するなど、インバウンドマーケティングのやり方で顧客の情報欲求を満たし、喜んでもらうことが可能なのです。

いかがでしょう、ここまでインバウンドマーケティングのコンセプトは拡張しています。

この4章では、インバウンドマーケティングの実践的な手法について説明をしてきましたが、それぞれの手法に関しては、より深掘りも可能なので、個々の専門書籍を参考にしていただいてもよいでしょう。

しかしながら、ここまでの総合的・全体的な「流れ」だけは、ぜひ理解しておいていただきたいのです。

1つ1つのツールをバラバラに使っているだけでは、インバウンドマーケティングとはいえません。むしろ大事なのは、それぞれを組み合わせて、人々の情報行動に合わせせて使うことなのです。

おわりに

最後にもう一度言います。
インバウンドマーケティングは、単なる手法ではありません。

2012年の6月、コムニコの代表であり現マーケティングエンジン取締役の林雅之と私は渡米し、ボストンとサンフランシスコを訪れました。ボストンではHubSpotとその他のマーケティング系テクノロジーベンチャー、ベンチャーキャピタルを訪問し、サンフランシスコでは"Inbound Marketing Summit"に参加するという、1週間にしては詰め込み過ぎな旅程ではあったのですが、実際にはその旅程以上の成果を手に入れたように思います。

林と私の間では、数あるマーケティングコンセプトの中でも「インバウンドマーケティング」は最も注目すべきもので、それに関するツールが今後普及するであろうという仮説を渡米前より持っていましたので、もしHubSpotが日本というマーケットに興味がない、あるいはHubSpotがそもそも日本（語）の環境で動かないということであれば、その際には自分たち自身でツールを開発するという、別のシナリオも想定していました。ちなみにHubSpotのオフィスを訪れた最初の日本人は私たちではありません。最も有名なのは糸井重里さんですが（糸井さんが同社を訪れた際の模様は「ほぼ日刊イトイ新聞」に掲載されています。HubSpotという会社の雰囲気と、創業者たちがどの

ような考えで会社を始めたのかがよくわかりますのでぜひご覧ください http://www.1101.com/hubspot/)、他にも日本のマーケティング関係者、広告業界関係者の何人かがすでに訪問していたようです。

　ただ、HubSpotとビジネスをしようと考え、そして実際にパートナーとして国内で動いたのは、残念ながら私たちだけでした。「残念ながら」と書いたのは、もし私たちより早く「インバウンドマーケティング」と、それを実現するHubSpotというソフトウェアが日本に紹介されていれば、日本のマーケターはもっと早くにこの恩恵を受けることができたはずだからです。しかしながら、どうしても日本のマーケターや業界関係者は「日本では日本語のインターフェースじゃないと使われない」と決め付け、試しもせずに「日本語で動くのかどうか不安」という"ネガティブシンキング"を先に働かせてしまうようで、せっかく海外に優れたツールがあっても、国内に持ち込むこともできない状況があります。

　もちろん、そういう状況であるならば、同様のツールを日本語で開発すればいいではないかという話もありますが、私たちが結局これをしなかった理由は2つあります。1つは、このすでに目の前あるHubSpotがそれだけ優れたツールであったこと。2つ目は、私たちが提供したいのは「マーケティングサービス」であって「ツールを販売するサービス」ではないということです。

　私たちが企業に貢献するのは「マーケティングサービス」そのものなのに、ツールの開発から始めたら、実際にサービスを提供できるのは半年から1年は先になってしま

おわりに

います。一方で、林のもう1つの会社であるコムニコが実際にHubSpotユーザーとなり、数週間にわたって日本語環境での検証をしたところ、7～8割方は、日本語でも利用可能であり、残りの不具合はHubSpot側にエスカレーション（修正・改善依頼）をすることで、問題なく利用できそうだということがわかりました。こうして、HubSpotを軸にしたインバウンドマーケティングの事業展開の確度が増しました。林は若い時代にヨーロッパでの事業経験があり、その後マーケティング系ベンチャーを立ち上げた実績があります。そして私、高広は、Google在籍時に海外プロダクトの日本でのローンチとマーケティングを行った経験があり、HubSpotを日本に持ち込むことは十分可能と判断したのです。

そこで、わざわざコムニコ（林の会社）やスケダチ（高広の会社）とは別ブランドの企業体を作って、日本のマーケターに広くHubSpotを使ってもらおうということで結論がついたのです。

私たちは、日本人マーケターが「日本国内で、日本人のマインドセット向けに作られたツールを使い続けている」結果として「マーケティング思考がガラパゴス化する」ことを、非常に危惧しています。

HubSpotは、2012年に渡米した段階で7000～8000社のユーザーがいて、インバウンドマーケティングを実践するためのソフトウェアとして業界のスタンダードになる道はすでにできていました。そうした世界的にスタンダードになるであろうツールを、日本人マーケターだけが使わない状況になっていたら、どうなるでしょう。きっとこの分

野でも大きく置いていかれるのです。海外のツールのクローン（似たようなもの）を作るよりも、海外のマーケターと同じものを日本人マーケターにも使ってもらう機会を作ったほうが、世界標準のマーケティング思考を普及させることにつながり、業界のためになるのではないか。そう考えたのも事実です。

　実際のところ、ツールが自国向けであることを売りにしたサービスが成り立つのは日本ぐらいで、世界で普及しているツールに"＊＊人向け"とうたわれているものは、あまり見たことがありません。つまり、世界中のマーケターが同じようにツールを使っているわけで、「これは＊＊人には合わない」と頭ごなしに決め付けることはないのです。

　こうした考えを背景に、林と私は「日本人マーケターが世界標準のマーケティングツールを使って、それを他国のマーケターと同様に使いこなしビジネス課題を解決することができるように、HubSpotの正式ライセンスを取得して、インバウンドマーケティングとそれに関するサービスを提供する事業者を国内に作る」というシナリオがベストであるとして、2012年の8月に、日本で初めてのインバウンドマーケティング・エージェンシーであるマーケティングエンジンを設立するに至ったわけです。

　渡米から新会社設立までの間、宣伝会議の『AdverTimes』において、「アメリカで注目を集めている"Inbound marketing（インバウンドマーケティング）"とは何か」というタイトルで5回にわたって連載を書く機会がありました。Googleトレンドで「インバウンドマーケティング」というキーワードで調べてみると、日本でこの

■■ おわりに

分野が話題になり出したのが、ちょうどこの連載の時期であることがよくわかります。しかし、一方でこの記事以降、私たちの活動が活発化し、業界内で目立つようになってくると、「そんなことは昔からあったよ」という声が聞こえてくるようになりました。ある方面からは「"Get Found"っていうけど、それってつまりSEOの話でしょ？」と言われ、また別の方面からは「それはただのリードナーチャリングやマーケティングオートメーションの話だ」と言われたりもしました。こうした意見をソーシャルメディア上で目にする、あるいは耳にするにつけ、日本人は自分たちが行ってきた経験からしか物事を見ない、あるいは自分たちが頭の中に持っている分類箱に何でも放り込んでしまい、新しい箱を作ることをしないのだなと、非常に悲しい思いになってしまっていたのですが、同様の「インバウンドマーケティング懐疑論」は米国でも起こっていたようです。

例えば、「インバウンドマーケティングはSEOの新しい呼び方にすぎない」とか、「インバウンドマーケティングはHubSpotとMOZ.comが自分たちのサービスを広めたいがために使っている言葉だ！」といった批判があったようですが、それに対してMOZ.comのランド・フィシュキン（Rand Fishkin）は、*INBOUND MARKETING AND SEO* という書物の中で、このように述べています。

「SEOは戦術。インバウンドマーケティングは戦略。インバウンドマーケティングは複数のマーケティングチャネルの上にかかる傘のようなもの。SEOはそのチャネルの1つ。同様にソーシャルメディアやコンテンツマーケティン

グなどもインバウンドマーケティングという戦略の中の戦術。もちろん SEO なしにインバウンドマーケティングはできない。でもインバウンドマーケティングは SEO の新しい名称ではない。そうではなくて、オーガニックで、自分たちの努力を尽くすマーケティング (a name for organic, earned marketing) のことを指すのだ」

「HubSpot も MOZ.com も、（人々が）インバウンドマーケティングという言葉を使ってくれるのはうれしい。でも僕らは単に伝道師（Evangelist）にすぎない。その言葉の意味するところが、オーガニックなマーケティング、パーミッションマーケティング、そして、自分たちで努力するマーケティング（Earned marketing）だということを広めたいのだ。インバウンドマーケティングは急激に業界の中でも受け入れられ始めた。お客さんを（無理やりではなく）自然な流れ（Organic）で連れてくる、あらゆるチャネルを使ったマーケティングのことなのだ」

　インバウンドマーケティングに関する誤った理解が蔓延する現在の状況は、「群盲象を撫でる」ということわざがぴったり当てはまります。ある部分だけを取り出して、それを自分たちの理解の中に閉じ込めて、こうこうこういうものであると、都合よく解釈する。例えば「戦略 PR で検索されるキーワードを広めて、検索結果で"見つけられる"ようにしよう！」だとか、「ダウンロードコンテンツと引き換えにメールアドレスを手に入れて、セールスプロモーションをしよう！」といったことをもって、インバウンドマーケティングの説明をしたつもりになっているものがあ

■■ おわりに

りますが、これらは正しいようで肝心なところを理解していません。

　繰り返しになりますが、インバウンドマーケティングは、広告やメールのリストを買うようなやり方ではなく、自分たち自身の努力によって、利用できる複数のツールを組み合わせて、また、相手が必要とする課題解決に対して、タイミングよく適切なコンテンツを提供することです。

　HubSpotがことあるごとに言うように、「あなたのマーケティングを嫌われないものにする（Make Your Marketing Lovable）」ためのマーケティングコンセプト、それがインバウンドマーケティングなのです。

　インバウンドマーケティングの思想がどういうものであるか、HubSpotの主催するイベント"INBOUND 2013"における創業者2人のキーノートスピーチの中で紹介された"HUMAN"という題名のメッセージ映像に、そのヒントが凝縮されています。YouTubeに実際の映像がアップロードされているので、ぜひ実際にご覧になっていただければと思いますが、本書の結びとして、ここに原文のテキストと全訳を紹介しておきましょう。

IT'S TIME TO GO ALL INBOUND.

WHY ARE WE HERE?
NO, REALLY. WHY?

YOU SEE
WE MAKERS OF MEANING
WE MARKETERS

WE WENT OFF COURSE
WE STOPPED TELLING STORIES
SPENT TOO MUCH TIME INTERRUPTING
INSTEAD OF INTERACTING.

COERCING INSTEAD OF CONNECTING
DISTRACTING INSTEAD OF DELIGHTING
AND NOT ENOUGH TIME BUILDING ON ONE SIMPLE TRUTH

WE ARE HUMAN

YOU SEE
PEOPLE DON'T REMEMBER THE PITCH
THEY REMEMBER THE EXPERIENCE
THEY DON'T REMEMBER THE MARKETING
THEY APPRECIATE IT WHEN YOU DON'T TRY TO SELL

おわりに

BUT INSTEAD SIMPLY UNDERSTAND
SO LET'S LOOK BEYOND THE NUMBERS
FORGET ABOUT THE FEATURES
AND CHART A NEW COURSE
WHERE WE CHALLENGE OURSELVES TO BUILD
COMPANIES PEOPLE TRULY LOVE

WHY?
BECAUSE WE KNOW THAT WHEN WE TRANSFORM
THE WAY WE DO BUSINESS

WE BECOME REMARKABLE
WE BECOME HUMAN

　（訳）
すべてがインバウンドになる時代へ

私たちはなぜここにいるのか？
いや、本当になぜ？

私たちは自分たちが
意味を作る人たちだと考えている
それが私たちマーケターだと

私たちは道から外れてしまっていた
ストーリーを語ることをやめてしまい
一方で、人々の邪魔をすることに多くの時間を使って

しまっていた
人々と交流することの代わりに

人々とつながる代わりに、強要するようなことをしていた
人々を喜ばせる代わりに、気持ちをかき乱すようなことをしていた
そして1つのシンプルな真実に十分な時間を費やすことをしてこなかった

私たちは人間だという真実に

あなたもわかっているでしょう
人々は営業行為なんて覚えてくれないってことを
一方で、人々は体験したことを覚えてくれるということを
そして、人々はマーケティング活動なんて覚えてくれないってことを
一方で、売ろうとしていないときには感謝されるということを

しかしこのことを単に頭で理解しようとするだけでなく、数字に現れる以上のものを見よう
機能だとかツールを忘れよう
代わりに、新しい道筋を描こう
私たちが、企業に属する人々が嫌われないようにするような道筋を

■■ おわりに

> なぜ？
> なぜなら、私たちは自分たちのビジネスのやり方を変える時が来たとわかったから
>
> 我々は注目されるようになり得ます
> そしてもっと人間的になるのです
>
> INBOUND 2013 Inspiration Video - "Human"
> http://www.youtube.com/watch?v=mOiVhNr7Qms

　インバウンドマーケティングのコンセプトは、2012年末頃からより拡張され、「INBOUND EXPERIENCE」となり、営業や顧客満足まで含めた概念に進化しつつあります。時代は確実に変わりました。今からでも遅くはありません。あなたも「アウトバウンドマーケター」から「インバウンドマーケター」へと生まれ変わりませんか？

　最後に。
　弊社マーケティングエンジンは、2012年8月の創業からたった8ヵ月で、HubSpotの最上位ランクのパートナーであるPlatinumに達し、1年後にはHubSpot社の年次アワードにて「Agency of the Year (international) ＝米国外約400社のHubSpot Partnerのトップ」を含む5部門を受賞するという快挙を遂げました。HubSpotの主催するイベント"INBOUND 2013"では、各国のパートナーエージェンシーから、"I wanna be like you!"（あなたたちのようになりたい！）と言われました。ご存じのように、

カンヌライオンズのようなクリエイティブの分野で日本勢が受賞することはあっても、ことマーケティングに関してはこのように言われることはなかなかありません。でも、それができるということを、私たちは日本にいながら証明しました。単に私たちをインバウンドマーケティング・サービスの業者として見ていただくだけでなく、海外と国内との垣根を持たず、海外でも認められているマーケティングサービス事業体として見ていただき、ぜひ他のマーケティング業界関係者の方も、こうした動きについてきていただきたいと思います。

　マーケティング業界のガラパゴス化は、そのクライアント企業のガラパゴス化にもつながり、日本企業の地盤沈下につながります。それを避けるためにも。

　アワードの受賞に関しても、この本が書けるようになったのも、インバウンドマーケティングのコンセプトに賛同していただき、先んじて実践していただいているマーケティングエンジンの各クライアント企業とその担当者様のおかげであり、また、マーケティングエンジンとコムニコのスタッフのおかげです。そして、前著に引き続き長い間、常に私の原稿を見ていただき、ハードな執筆スケジュールに付き合っていただいているソフトバンククリエイティブの敏腕編集者・織茂洋介さんのおかげでもあります。感謝。

高広伯彦

■ **高広伯彦**（たかひろ・のりひこ）

マーケティングエンジン代表取締役兼共同創業者。1970年生まれ。博報堂、博報堂DYメディアパートナーズ、電通にて、営業やデジタル領域の業務につく。2000年代には第2回東京インタラクティブアドアワード受賞などインタラクティブクリエイティブ領域での企画を強みにしていたが、新しい広告ビジネスの開発に興味を持ち、2005年にGoogle日本法人へ。AdWordsやYouTubeの日本導入やそのマーケティングを手がける。2009年1月に独立し、デジタル領域での経験を強みとしたマーケティングコミュニケーション設計やビジネス開発支援を行うスケダチを設立。2012年8月に、ソーシャルメディアマーケティング事業を手がけるコムニコと共同でアジア初のインバウンドエージェンシーとなるマーケティングエンジンを設立。2013年8月には設立1年でHubSpot社の国際部門最優秀代理店に選ばれる。著書に『次世代コミュニケーションプランニング』（小社）他。

マーケティングエンジン：http://www.mktgengine.jp/
個人ブログ：http://mediologic.com/weblog/

インバウンドマーケティング

2013年9月30日　初版第1刷発行

著者	高広伯彦（たかひろのりひこ）
発行者	小川　淳
発行所	ソフトバンク クリエイティブ株式会社
	〒106-0032 東京都港区六本木2-4-5
	電話 03-5549-1201
印刷・製本	中央精版印刷株式会社
装丁・本文デザイン	細山田光宣＋奥山志乃
組版	アーティザンカンパニー

落丁本、乱丁本は小社営業部にてお取り替えいたします。
本書に関するご質問等は、小社学芸書籍編集部まで必ず書面にてご連絡いただきますようお願いいたします。

©Norihiko Takahiro 2013 Printed in Japan
ISBN：978-4-7973-7219-9